# 『認知療法・マインドフルネス・潜在的価値抽出法ワークブック』

## セラピスト・マニュアル

行動分析から次世代型認知行動療法までを臨床に生かす

**竹田伸也** 著 TAKEDA SHINYA

鳥取大学大学院医学系研究科臨床心理学講座教授

遠見書房

イラスト・カバー挿画　大塚美菜子

# まえがき

　本書は，『一人で学べる　認知療法・マインドフルネス・潜在的価値抽出法ワークブック——生きづらさから豊かさをつむぎだす作法』の支援者向けマニュアルです。

　私は，2012 年に認知療法を用いたセルフヘルプ本である『マイナス思考と上手につきあう認知療法トレーニング・ブック——心の柔軟体操でつらい気持ちと折り合う力をつける』(以下，『トレブック』) を遠見書房より上梓しました。これは，当時認知療法が保険適応されたものの，国内にはまだ十分に認知療法を実践できる支援者が育っていないことを背景とし，認知療法を用いたセルフヘルプを，ワークブックを通して誰もが行えることを意図して作り上げました。また，同時期に『「マイナス思考と上手につきあう認知療法トレーニング・ブック」セラピスト・マニュアル』を出版しました。こちらは，『トレブック』の名を冠しているものの，実際は標準的な認知療法をクライエントに応じてはじまりからおわりまで確実に行うための「支援者のための認知療法実践マニュアル」でした。大変ありがたいことに，『トレブック』は多くの方にお読みいただき（2021 年 2 月現在，9 刷 21,500 部)，この本が狙いとしていた一定の役割を担うことができたのではないかと考えています。

　あれから 9 年近くの年月を経て，このたび新たに一般向けの本と支援者向けの本を上梓することになりました。それが『認知療法・マインドフルネス・潜在的価値抽出法ワークブック』(以下，『ワークブック』) と本書です。『ワークブック』と『トレブック』の違いは何でしょうか。

　まず，援用している技法の違いがあります。前作が認知

療法に焦点を当てていたのに対して，今作は認知行動療法（Cognitive Behavioral Therapy；CBT）を全般的に援用しています。第一世代といわれる応用行動分析（Applied Behavior Analysis；ABA），第二世代といわれる認知療法，第三世代といわれるマインドフルネスや Acceptance and Commitment Therapy（ACT）を援用しているのが，『ワークブック』を読むとおわかりいただけると思います。このうち，ABA は行動と環境との相互作用を分析し，行動変容に影響した要因を明らかにしながら，問題解決を目指すアプローチを表わします。認知療法は，認知の変容を通して不快な感情の改善を始めとした問題解決を目指すアプローチを表わします。マインドフルネスは，「今ここ」での体験に評価を交えず注意を向けることにより得られる気づきを大切にするアプローチを表わします。ACT は，心理的柔軟性，すなわち「心を開いて」「今ここに集中しつつ」「自分が大切にしたいことをする」というスタイルを養うことによって，問題解決を目指すアプローチを表わします。そして，『ワークブック』の最後に，第一世代から第三世代のどのカテゴリーにも属さない"潜在的価値抽出法"を紹介しました。

　このように多様な CBT を援用した理由は，『ワークブック』が狙いとしていることが『トレブック』とは大きく異なるからです。そしてそれこそが，『ワークブック』を上梓する大きな理由となりました。『トレブック』では，マイナス思考で苦しむ人を対象として，「つらさと折り合いをつける」ことを目的としていました。そのための方法として，認知療法は最適なアプローチの１つであることは間違いありません。それに対して，今回の『ワークブック』ではつらさと折り合いをつけるという立場を超えて，「豊かな人生をつむぎだす」ことを目的としています。前作が「つらさという穴を塞ぐ」というネガティブな世界を平らにするイメージなのに対して，今作

は「人生という地平に豊かさを育てる」という，より積極的に人生に関わろうとするイメージを伴います。

そして，今作が対象とする人々は，マイナス思考や心の不調に苦しむ人を対象としていた前作と大きく異なります。なぜなら，「豊かな人生を送る」ことは，すべての人に開かれているからです。豊かな人生を送るためには，お金が十分になければならないとか，体が健康でなければならないなどの条件が前提となると信じている人は少なくないかもしれません。けれども，そうだとしたら豊かな人生を送るのは，一部の人にだけ開かれたハードルの高い営みとなってしまいます。裕福であろうがなかろうが，病気や障がいを得ていたとしても，残された時間がわずかだったとしても，そのほかどのような制限を抱えていても，豊かな人生に向かうことはできる。今作が読者に伝えたいメッセージとそのための営みはそこにあり，だからこそ今作はあらゆる人を対象としています。

したがって，『ワークブック』と本書で援用している認知行動療法のさまざまなモデルは，誰もが「豊かな人生を送る」ことを射程にとらえています。『ワークブック』をクライエントに「処方」していただき，本書では『ワークブック』にそった支援を進めるうえで支援者に理解してもらいたいことを中心に解説しています。ABAや認知療法，マインドフルネス，ACTの考え方や進め方については，本書の巻末に紹介している参考文献を参照してください。

# もくじ

『認知療法・マインドフルネス・潜在的価値抽出法ワークブック』セラピスト・マニュアル

# 『認知療法・マインドフルネス・潜在的価値抽出法ワークブック』セラピスト・マニュアル

## 行動分析から次世代型認知行動療法までを臨床に生かす

# （1）

# 支援を機能させるための準備の章

## 『ワークブック』のアウトライン

　まず、『ワークブック』のアウトラインを示しておきたいと思います。アウトラインが頭の中に入ると、豊かな人生をつむぐために『ワークブック』がどこに帰結し、それに向けて設けられた各ステップの意義が理解しやすくなります。そうすると、そのために実践する支援者としてのあなたの営みは、より納得して進められるようになるでしょう。それによって、あなたの臨床実践に力が宿るのです。

　『ワークブック』では、1．生きづらさの章、2．心の柔軟性の章、3．価値にかなった暮らしの章の3つの章から構成されています。

　豊かな人生を志向するために重要なキーワードとなるのが、"個人の大切にそった価値"です。これは、アクセプタンス＆コミットメント・セラピー（Acceptance and Commitment Therapy；ACT）でいうところの価値と同義です。そしてそれは、豊かな人生を送るためのキーワードとして、従来から多くの先哲が述べてきたものです。『ワークブック』では、ACTによる価値の理解に加えて、価値は「年齢および状態に無関係である」ことを強調しています。誰もが豊かな人生を志向できる。そのためにも、価値が年齢や状態に無関係であることをおさえることが重要になるのです。価値にかなった

暮らしを送ることが，私たちの人生を豊かにする。価値にかなった暮らしとは，そのときどきで価値にそった行動を選択し，実行することです。

『ワークブック』の最後では，価値を見つけるための方法の１つとして，潜在的価値抽出法が紹介されています。これは，私が日々の臨床を通して着想に至った考え方であり，これまでの第二世代および第三世代の認知行動療法（Cognitive Behavioral Therapy：CBT）による認知の扱い方と異なります。つまり，「認知の内容を変える」のでもなければ，「認知の機能を変える」のでもないのです。認知に対するパラダイム転換を図っています。潜在的価値抽出法によって，私たちは認知の妥当性を検討したり，認知と距離を置いたりすることなく，認知と向き合うことができるようになるかもしれません。そして，認知を自分の大切にしたい価値を見つける対象として，大切に扱うことができるようになると，私は考えています。

以上のことが，３．価値にかなった暮らしの章で述べられています。

価値にかなった暮らしを送ることが，豊かな人生を志向するということである。そのことがわかったとしても，それを阻む認知や行動が存在していれば，豊かな人生を志向することが難しくなります。すなわち，「どうせ自分にはそんなことをするなんて無理だ」とか「そんなことをしても人生は変わらない」などと考え，豊かな人生を志向するための新たな行動を避けてしまっては，価値にかなった暮らしに近づくことは困難でしょう。そして，この態度——思い込みを真に受けてしまい何かを避ける在り方——こそ，私たちに生きづらさをもたらすのです。そのことを，１．生きづらさの章で伝えています。

思い込みのなかでも私たちを苦しめる認知を，私たちは「マ

イナス思考」と呼んでいます。では，普段からよく使われるこのマイナス思考の正体とは何なのでしょうか。そして，なぜマイナス思考は私たちをつらくするのでしょう。そうした話が，《2》認知的紐づけ編のなかで述べられています。

マイナス思考も含め，私たちにとって不快な内的体験は，その不快さゆえに，私たちはさまざまな方法を用いてそれを避けようとします。ところが，不快な内的体験を避けることは，多くの場合短期的にはメリットをもたらすようにみえても，長期的にはデメリットをもたらします。避けたかったその不快な内的体験は，避けることによってますます強められてしまう。本当は，そこからいったん降りることができれば，独り相撲をとって自分で自分を苦しめていた在りように気づくことができるのかもしれません。けれども，避ければ避けるほどますます苦悩を強めてしまうという悪循環に身を置いてしまうと，それ以外に視野を広げることが難しくなります。こうした話を，《3》体験の回避編で述べています。

では，生きづらさをもたらすそれらの態度に，どのように向き合えばよいのでしょう。その答えの1つは，「心の柔軟性を育む」ことです。心の柔軟性を育む方法として，『ワークブック』では認知療法とマインドフルネスを援用した暮らし方を紹介しています。認知療法は，認知の内容を変えることで，物事をさまざまな視点から眺める力を養います。マインドフルネスは，認知の機能を変えることで，今この瞬間に開かれる力を養います。どちらも，効いているところが違うため，心の柔軟性を育むうえで重要なアプローチとなります。それぞれがどこに効いているかは，『ワークブック』のなかで詳細に述べており，もちろん本書でも解説しています。

さて，心の柔軟性を育むことにより，物事をさまざまな視点から眺めたり，今この瞬間に開かれることが折に触れてできたりするようになった段階で，つぎに何をすればよいか。こ

れに対する答えは,「何をしても構わない」となります。では,自分は何がしたいだろう。人生に対して「こうありたい」と願うことは何だろう。ということで,冒頭に紹介した3.価値にかなった暮らしの章へと至るわけです。

　以上が,『ワークブック』のアウトラインです。全体を通して,私は「こちらでやっていきましょう」という立場はとっていません。その理由は,「AとBどちらでいくか」という二項対立は,私たちの営みとなじまず,そうした態度が私たちを生きづらくするからです。豊かな人生を志向するうえで,二項対立はそれを阻むことはあっても,豊かさに益することはほとんどありません。『ワークブック』のなかで,私が二項対立にできるだけ陥らないような展開を心掛けていることを,注意深くお読みください。二項対立については,本書の《2》認知的紐づけ編のなかで改めてお伝えします。

### 支援者に求められる基本的態度

　私たち心理臨床家の役割は,クライエントの治療ではない。従来から,このようにいわれてきたのを,あなたもよく理解していると思います。心の病にせよ,体の病にせよ,治療により寛解や完治に導くことが困難な病はたくさんあります。そうした病を得ても,人生は決しておしまいではない。なぜなら,どのような病や障がいを得ようが,人はその人なりの適応を図ることができるからです。したがって,心理臨床家の役割とは,ひとつには個人の適応を支えることだと私は理解しています。個人の適応を支えるために,クライエントの生きづらさに対応することもあるでしょう。生きづらさを抱えた人がいれば,その生きづらさをやわらげるためにできることに,心理学的専門性のすべてを捧げるのです。しかし,適応とは生きづらさをやわらげることばかりではありません。豊かな人生を送ることも,個人の適応に含まれます。したがっ

て，豊かな人生を志向する人に対して，そのためにできることを心理学的専門性から支援するというのも，私たち心理臨床家の役割の1つであることは間違いないでしょう。

　そうした役割を担ううえで，私たちがもし「豊かな人生を送るには，健康や富裕など一定の条件を備えていなければならない」という信憑を抱いていたとすればどうなるでしょう。何らかの制限を抱えた人が豊かな人生を志向して私たちのところにやってきて，彼らの負託に応えようとしても，私たちの届ける支援は欺瞞になってしまいます。何よりも，「豊かな人生を送るためには，一定の条件を必要とする」という信憑を抱いた状態では，何らかのハンディキャップを抱えた人に対して豊かな人生を志向する支援を届けるなんて，きっと不可能です。なぜなら，私たちの力量は，自らが設定した枠を超えて発揮されることが難しいからです。

　以上のことから，「豊かな人生を送る」というクライエントのニーズに応えるために，私たち支援者に求められる基本的態度が明確になります。それは，「誰もが豊かな人生を志向することができる」と理解しておくことです。潮干狩りに来ても，「このあたりに貝はいない」と思えば，そのあたりを掘ることはありません。それと同じで，「この人は○○だから（○○でないから）豊かな人生を送るのは難しい」と思えば，豊かな人生を志向するための支援をその人に届けようという支援者の臨床力は駆動しないのです。

　豊かな人生を志向する個人を支援するために，私たち支援者がさらに踏み込んで持っておく前提があると，私は考えています。私たちは，生きているとさまざまな苦痛を得ます。治らない病や元の生活様式を変えざるを得ない障がいを得る。大切な人と死別したり，生き別れたりする。住んでいた家や職を失う。貧困に陥る。その他，私たちは人生のなかでさまざまな苦痛を何度も体験します。そして，こうした苦痛は個

人の努力や責任の及ぶ範囲を超えて私たちに起こります。そうした苦痛を抱えた状態こそ，人間存在のデフォルト（標準状態）であると理解しておくことは，私たちが自らの人生を存分に生き抜くために必要なことだと思います。

　加えて，支援者として「苦痛を抱えた状態こそ，人間存在のデフォルトである」と理解しておくことによって，クライエントに対する支援力はより駆動する。私はそう考えています。クライエントに対してより良い支援を届けようと思うのであれば，もちろん相手の状態を理解し，専門家として何をしなければならないかをクールに考える力は不可欠です。その際に働く「この人のために何とか力になりたい」という支援者としての願望は，クライエントへの「同胞としての思いやり」によって基礎づけられる必要があると思うのです。Wynn (2016) は，「自分と似た者を好ましいと感じ，自分と異なる者を差別する心性を，人は乳児期から有している」という知見を明らかにしました。この知見に基づくと，自分と似た者として相手に感じる同胞感覚が，相手に対する思いやりを駆動すると考えることができます。そして，クライエントに対する同胞感覚を支えるものこそ，「苦痛を抱えた状態こそ，人間存在のデフォルトである」との理解だと思うのです。苦痛がデフォルトとして自分のなかにあるからこそ，苦痛を抱えたクライエントをみてそこに強い同胞感覚に基づいた思いやりが生まれる。そうした心的態度は，クライエントへの支援をより豊かにするのだろうと思います。

### 支援者に求められるコミュニケーションスキル

　クライエントが豊かな人生を送るために支援する。そのために支援者に求められるコミュニケーションスキルは，たくさんあるでしょう。ですがここでは，「メタファー」と「ソクラテスの質問」を，特に強調しておきたいと思います。なぜ

なら，この両者は相手の気づきを促すコミュニケーションとして，極めて有効だからです。豊かな人生を送るために，なぜ気づきが重要なのか，そしてそれを促すメタファーとソクラテスの質問とはなにかについて，順を追ってお伝えします。

豊かな人生を送るためには，まず豊かな人生を送るのを阻む自らの状態に気づくことが求められます。そして，豊かな人生を送るために必要なことがなにかに気づく必要があります。ここからみえてきた，豊かな人生を送るために求められること。それは，当事者の「気づき」なのです。その理由は，私たちが新たなことを始めようとするとき，「それをすることが自分に求められる」と納得する必要があるからです。納得は，本人の「気づき」によってもたらされます。

たとえば，次に示す2つの場面を想像してみてください。一方は，知人から「この本，面白いから読んでみて」と貸してもらった本。もう一方は，自分が書店で立ち読みをして，「この本面白そう」と思って買った本。あなたは，どちらの本を率先して読むでしょう。もちろん後者だと思います。前者と後者の決定的な違いは，本の面白さに対する気づきの有無です。

ここからもわかるように，新たなことを実践しようとする動機づけを高めるには，それをすることを納得するための「気づき」の段階を経なければならないのです。『ワークブック』をお読みいただくと，随所にさまざまなワークが収められています。これらのワークの意図は，各領域で伝えていることに対する読者の気づきを促すことです。

ちなみに，このことをあなたに理解していただくために，私は先ほど"本のたとえ"を用いました。こうしたやりとりをCBTではメタファーといい，抽象的な概念や難解な概念をクライエントに理解してもらいたい場合，相手の理解を促すコミュニケーションとして有用です。

　コミュニケーションスキルとしてのメタファーを駆使する力を高めるにはどうすればよいか。それは，あなたがクライエントに抽象的な概念や難解な概念を伝えるときに，それを身近な話にたとえるとすればいかなる表現に寄るかを考える。これに尽きます。こうした作業を重ねずして，メタファー力が向上することはありません。とはいえ，メタファーを繰り出す力を養うには，一定のモデルも必要でしょう。『ワークブック』では，読者の気づきを促したい場面では，必ずメタファーを用いています。もちろん，本書でも。そこに注目しながらお読みいただくことで，クライエントに対してメタファーを繰り出すポイントや，どのようにメタファーをつむぎ出せばよいかの一例を理解することができます。CBTではメタファーが支援者の言葉として多用されますが，なかでもACTはメタファーを用いる機会が多いように思います。本書の巻末に紹介している参考文献を，どうぞ参考になさってください。

　さて，ソクラテスの質問を駆使する力も，ぜひあなたには高めていただきたいと思います。ソクラテスの質問は，CBTで多用されるコミュニケーションスキルであり，クライエントの自問を促すことで気づきへと導く質問のスタイルです。ソクラテスの質問は，コツさえつかめば臨床場面のなかで折に触れて縦横無尽に用いることができます。「今日は何曜日ですか？」のように相手が一言で答えられる質問を「閉じた質問」と言います。それに対して，「今日はどんなことがありましたか？」のように，相手が自由に答えられる質問のことを，「開いた質問」と言います。ソクラテスの質問は，開いた質問に相手に気づいてもらいたい手がかりを加えて尋ねることで簡単に作り出せます（図1）。

　クライエントがうまく答えられなければ，さらに具体的な手がかりを質問に加えて尋ねてみるようにしてください。た

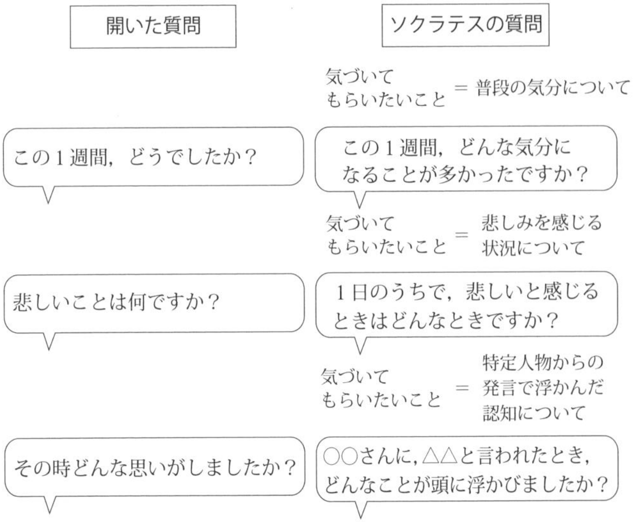

| 開いた質問 | ソクラテスの質問 |
|---|---|

気づいて
もらいたいこと ＝ 普段の気分について

この1週間，どうでしたか？

この1週間，どんな気分に
なることが多かったですか？

気づいて
もらいたいこと ＝ 悲しみを感じる
状況について

悲しいことは何ですか？

1日のうちで，悲しいと感じる
ときはどんなときですか？

気づいて
もらいたいこと ＝ 特定人物からの
発言で浮かんだ
認知について

その時どんな思いがしましたか？

○○さんに，△△と言われたとき，
どんなことが頭に浮かびましたか？

図1　ソクラテスの質問の作り方

とえば，クライエントに「体験の回避（不快な内的体験を避けること）が，自身の生きづらさを強めていたこと」に気づいてほしい場合で考えてみましょう。この人は，自分の抱えた病気のことを考えると気持ちが沈んでしまうため，それを考えないようにテレビの前で大半の時間を過ごしていました。けれども，頭の中はすぐに病気のことが浮かび，それを反芻して気持ちが沈む。するとまた，それを考えないようにするためにテレビに向かう。しかしそれは，病気のことを考えないようにするためにテレビを観ているにすぎないので，またすぐに病気のことを考えてしまい，気持ちはさらに沈むという悪循環に陥っていました。

　開いた質問で尋ねると，「何かを避けることが，どのような結果をもたらしてきましたか」となります。気づいてもらいたいことは，「自身の体験の回避が，逆に生きづらさを強

める」ということです。ですので，まずは「自身の体験の回避」を手がかりとして開いた質問に加えてみればよいのです。ソクラテスの質問にすると，「病気のことが気になったときにテレビを観るということは，どのような結果をもたらしてきましたか」となります。この問いに相手が答えられなければ，さらに具体的な手がかりを加えます。テレビに向かうという回避行動が，逆に病気についての反芻を強めたことがこの人の生きづらさにかかわっています。ですので，この点を先ほどの質問に加えるのです。すると，「病気のことが気になったときにテレビを観ることによって，病気のことを考えずにいられるようになりましたか」という尋ね方になりますね。または，生きづらさをさらに具体的にして問いかけることもできます。この人の生きづらさは，結局のところ体験の回避によって本来自分が望む人生を送れていないということです。このことを手がかりとして，こんなふうに問いかけることもできます。「あなたは，その時間テレビを観たくてそうしているのでしょうか。もしそうじゃないとしたら，その時間にあなたは，本当はなにをしていたいのでしょうか」

　以上，相手の気づきを促すコミュニケーションスキルとして，メタファーとソクラテスの質問を紹介しました。これらのスキルは，なにも臨床場面ばかりではなく，日常生活のなかで，他人とのやりとりを通して練習することができます。ぜひ，この2つのコミュニケーションスキルを磨いて，豊かな人生を志向するための臨床力を高めてください。

### 豊かな人生を志向するセラピーの導入

　さて，「豊かな人生を志向する」というセラピーの目的があったとして，どのように導入するかという課題があります。

　そして，そのこたえの1つを，すでに先の1文に表しました。私は，「どのように導入するかという課題がある」と述べ

ました。「どのように導入するかという問題がある」とは述べませんでした。

　"問題"という言葉を用いると，その言葉を向けられた人は，そこになんらかの障壁があるという前提に立たされることになります。つまり，問題という言葉は，なんらかのネガティブな要素が当該事象に存することを，その言葉を用いる者と受け取る者の間に成立させてしまうのです。それに対して，"課題"という言葉は，個人が望む事象にアクセスするための要件を表わします。つまり，課題という言葉は，個人が近づきたいものに対するポジティブな要素が当該事象に存することを，その言葉を用いる者と受け取る者に提示するのです。

　なにが言いたいかというと，どのような文脈を採用するかによって，当該事象に対する個人の向き合い方が決定的に異なるということです。「問題」という言葉は，ネガティブな負債を解消するという視点を伴いますので，個人に必然的に何かを背負わせてしまう。一方，「課題」という言葉は「望むものに近づく」という視点を伴いますので，そこに向けて行動しようとする個人には始めから背負おうものがない。どちらが，「チャレンジしてみよう」という動機づけを高めるかは明白です。

　このことから，「豊かな人生を志向する」という目的でセラピーを展開したいのなら，支援の文脈をその方向から展開すればよいということがいえます。一般的に，心理臨床をはじめとしたセラピーでは，クライエントの主訴を聞き，その主訴が解消されるためになにをすればよいかという文脈から支援が展開されます。主訴とは，その人の困りごとの言語化に他なりませんので，主訴を解消するという目標を立ててしまえば，その時点で問題を解決するという支援文脈を採用することになります。

そうではなく，自分が望むものに近づくために，総じて自分の人生を豊かにするためにという文脈に置きかえるのです。それは，もちろん支援者がそう理解するだけではなく，その文脈でセラピーを進めていくことを，クライエントと十分に分かち合わなければなりません。

以上の支援文脈の操作については，"クライエントの生活の文脈を，不快なことを減弱させることから，価値に基づいた生活の実践へと転換する"（Hayes et al., 2012）ことを特徴とする ACT において重視されています。このあたりの発想は，解決志向アプローチと似ていると思います。解決志向アプローチでは，問題がいかに形成されたかに目を向けるのではなく，解決に焦点をあてることに特長があります。クライエントは，自分の問題を解決するための資源と強さを持っているとする考え方を治療前提としており（Berg, 1994），支援者はクライエントとともに，解決へと向かう力や強さを見つけだし，それを拡大し発展させることによってセラピーを展開することが，解決志向アプローチの要諦です。

『ワークブック』では，クライエントは解決ではなく，豊かな人生を志向するという射程を捉えています。先の Berg の言葉を借りれば，「人は，豊かな人生を送るための資源と強さを持っている」という前提が，『ワークブック』のベースにあるのです。

# （2）

# 生きづらさの章

1．生きづらさの章では，私たちが生きづらくなる理由を認知面と行動面からひも解いています。『ワークブック』を臨床で用いる場合，この1．生きづらさの章がクライエントに対するアセスメントのポイントとなります。《2》認知的紐づけ編にはクライエントの認知面で注目するポイントが，《3》体験の回避編ではクライエントの行動面で注目するポイントが理解できます。

## 認知的紐づけ編

### 生きづらくする認知への対応

認知は，良かれ悪しかれ私たちに強い影響力を持っています。豊かな人生を志向しようとしても，そこにいたるのを阻む認知がクライエントを縛っていれば，それに対応する必要があります。認知への対応として，CBTでは認知療法とマインドフルネスが代表的技法として挙げられます。両技法は，このあとの2．心の柔軟性の章において，クライエントの暮らしに取り入れることになります。《2》認知的紐づけ編では，それらを暮らしに取り入れることが自分に有効であると理解できるよう，私たちを生きづらくするカラクリを2つの認知的事象から説明しています。

その2つの認知的事象を，『ワークブック』では「認知的紐

づけ」として表しています。そのうち1つは，マイナス思考の成分を表わす紐づけです。そしてもう1つは，マイナス思考が機能する理由となる紐づけです。《2》認知的紐づけ編では，これら2つの事象に注目することで，「生きづらさをもたらす認知」に注目します。そして，これまでなぜ生きづらかったのかを，クライエントは認知面を通して理解を深めていきます。

　《2》認知的紐づけ編で，支援者に求められる一番の目標は，マイナス思考の成り立ちとマイナス思考が私たちを苦しめる理由を，クライエントに理解してもらうことです。『ワークブック』では，認知的紐づけは，図2で表している2つの「＝」で結ばれた事象のこととして説明しています。この2つの紐づけをクライエントに理解してもらうことが，本編において求められます。

### マイナス思考の成分とマイナス思考が機能する理由

　『ワークブック』では，塞翁が馬の元になった話を紹介することで，「考えとは，実際は頭が作り出した言葉の産物に過ぎない」ということを読者に示唆することから話が始まります。その後，"あるテスト"にチャレンジしてもらいます。あなたがもし，そのテストをまだ試していないようでしたら，まずはそちらのテストを試してください。このテストによって，読者は「普段自分たちは思い込みで行動することが多いのかもしれない」という事実に気づくことになります。こうしたことが，《2》認知的紐づけ編で伝えることの概要――思考とはなにか，思考がなぜ機能するのか――を表しているのです。

　『ワークブック』では，認知的紐づけという言葉を用いて，マイナス思考とはなにか，そしてマイナス思考がなぜ私たちを苦しめる力を持つかを解説しています。図2は，2つの認知的紐づけを表しています。この図を用いることで，マイナ

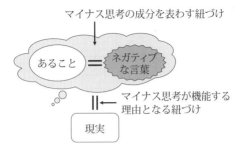

マイナス思考の成分を表わす紐づけ

マイナス思考が機能する
理由となる紐づけ

図2　2つの認知的紐づけ

ス思考の成分と，それがなぜ私たちを苦しめるかが一目瞭然
となります。私たちがよく言う「マイナス思考」や「ネガティブな考え」といった認知の成分。それは，"あること"に
"ネガティブな言葉"を結びつけたものを指します。これが
1つ目の紐づけであり，図の上半分が表わしていることです。
もう1つの紐づけは，そうしてできたマイナス思考と現実を
結びつけてしまうことであり，図の全体が表わしていること
です。本来，言葉の産物に過ぎないマイナス思考が機能する
理由，すなわち不快な感情を引き起こす力を持つのは，この
2つ目の紐づけ──思考を通して現実を見てしまうこと──
に由来します。ちなみに，2．心の柔軟性の章でも述べます
が，CBTの第二世代が注目するのは図でいう上半分，つまり
1つ目の紐づけです。一方，CBTの第三世代が注目するのは
図の全体，つまり2つ目の紐づけです。ACTでは，図2の全
体で表している，思考と現実を混同することを「認知的フュ
ージョン」（Hayes et al., 2012）と呼びます。

　『ワークブック』による豊かな人生を志向するセラピーで
は，認知的紐づけという言葉を用いて，クライエントにこの
2つの紐づけ──「マイナス思考の成分」と「マイナス思考
が機能する理由」──について知ってもらいます。それによ

って，クライエントは，自らに生きづらさをもたらした理由を，まずは認知面から理解することができます。その理解が，のちに控えている「心の柔軟性」を育むためのレディネスとなるのです。心の柔軟性は，2つの認知的紐づけを断ち切る力として『ワークブック』では説明しています。

　本来多義的である「あること」に1つのネガティブな言葉を紐づけたものがマイナス思考であることを理解すれば，その閉塞性を解放する動機は高まります。「あること」は，多様なとらえ方ができるものなのに，ネガティブな言葉を紐づけることで自分を苦しめる思考となったのに気づくことができれば，ネガティブな言葉の紐づけを断ち切って「あること」をさまざまな角度から眺めようとすることができるようになるのです。ですので，『ワークブック』では「あること」の多義性を読者に気づいてもらうために，さまざまなワークや解説を加えています。

　マイナス思考のような不快な考えは，考えれば考えるほどどんどん深みにはまってしまいます。その理由は，このあとお伝えする二項対立から理解することができます。一方，不快なことを考えないようにすれば，逆にそれを強く考えてしまうようにもなります。その理由は，後ほど詳述する皮肉過程理論（Wegner, 1994）から理解することができます。マイナス思考を鵜呑みにしてもつらくなるし，避けてもつらくなる。その理由は，考えれば考えるほど深みにはまり，考えないようにしても逆にそれを考えてしまうようになるからです。その結果，マイナス思考やそれに関する刺激に対する注意が増し，不快な内的体験に縛られた生活に陥ってしまうのです。

### マイナス思考に伏流する二項対立がもたらす生きづらさ

　マイナス思考に関わる認知的紐づけは，いったん陥るとそ

れがますますひどくなるという性質を持っています。その理由は，すでに述べた「マイナス思考に関連する刺激への注意が増す」ということ以外に，認知的紐づけに伏流する「二項対立」に由来します。二項対立とは，相反する２つの概念を立て，その両極のどちらかしか反応の選択がない認知的構えのことです。試しに，あなたの頭に浮かぶマイナス思考を１つ見つけてみてください。見つけたら，それは「●●か否か」という二項対立を内包していることに注目してください。

　たとえば，不安に通ずる「私の抱えた病気が，将来破局的な結果をもたらしたらどうしよう」のような考えは，「将来破局的な結果をもたらすか否か」という二項対立です。後悔に通ずる「あのとき，どうして会社を辞めてしまったんだろう」という考えは，「辞めてしまったか否か」という二項対立です。怒りに通ずる「こんなことになったのは，あいつが無責任だから」という考えは，「あいつは責任を果たしたか否か」という二項対立です。妬みに通ずる「あの人だけ欲しいものをなんでも手に入れてずるい」という考えは，「なんでも手に入れているか否か」（または，「自分だけ割を食っているか否か」）という二項対立です。絶望に通ずる「自分は生きている価値のない人間だ」という考えは，「生きている価値があるか否か」という二項対立です。

　こうした二項対立は，減点思考をもたらすことを『ワークブック』では述べています。なぜなら，二項対立とはつまるところ「まったきＡか否か」という判断を伴うからです。つまり，「０か100か」という対立軸を立てるのが二項対立であり，「100以外はみんな０」というマインドセットこそ二項対立が私たちにもたらす心的影響なのです。そして，マイナス思考として浮かぶ認知は，すべて「100以外のもの」の側にふるい分けられています。このことを基に先ほどの考えをもう一度見直してみましょう。

「私の抱えた病気が，将来破局的な結果をもたらしたらどうしよう」という考えは，「将来破局的な結果をもたらすことは決してない（完全な100）」というのがその考えの対立軸としてあるので，いろんな不安材料がとめどなく浮かぶようになります。

「あのとき，どうして会社を辞めてしまったんだろう」という考えは，「辞めなければよかった（完全な100）」という対立軸があるので，辞めてしまった今となってはいくらでも後悔する材料が浮かぶのです。

「こんなことになったのは，あいつが無責任だから」という考えは，「あいつは責任を完璧に果たさなければならない（完全な100）」という対立軸があるので，あいつに関するアラはいくらでも見つかります。

「あの人だけ欲しいものをなんでも手に入れてずるい」という考えは，「（自分も）なんでも手に入れられる（完全な100）」という対立軸があるので，現実的にいくらでも生じる不足に目が向いてしまい嫉妬は膨らみます。

「自分は生きている価値のない人間だ」という考えは，「理想とする"生きている価値のある完璧な状態"（完全な100）」という対立軸があるので，自分を否定する材料は無尽蔵に浮かびます。

このように，完全な100という対立軸を立てて，100以外のものの側に組み入れたマイナス思考を抱えることによって，まったき100とならないその認知はどこまでも「自身の思い込みを強める材料」を見つける終わりのない営みを続けることになるのです。もちろん，本人は意識的にそんなことをしているつもりはありません。しかし，マイナス思考を鵜呑みにした段階で，二項対立のうちの100以外のものの側に，その認知を組み入れてしまうことになるのです。

以上のことからもわかるように，二項対立を採用した段階

で, 私たちは必然的に生きづらさを強めることになります。二項対立は, 私たちに豊かさをもたらしません。豊かな人生は, 二項対立を超えたところにあるのです。とはいえ, 豊かな人生が「価値にかなった暮らし」によってもたらされるという前提をもとに, あなたは次のような疑問を抱きはしないでしょうか。「価値にかなった暮らし」というのも, 「価値にかなった暮らしか否か」という二項対立ではないのかと。もちろん, そうではありません。

　なぜなら, 価値にかなった暮らしは, 何かができれば完了というわけではないからです。つまり, 価値とはあらかじめ「100」を想定していない。だってそうですよね。「自分を大切にしたい」という価値を持つ人がいたとして, この人は何をもって「自分を大切にしたい価値を完了した」といえるでしょう。「自分を大切にしたい」という価値は, その人にとって大切な道しるべとして, その価値が示す方向を限りなく示しているのです。そうした意味で, 価値にかなった暮らしは, 「価値をまったきに完了したか否か」という二項対立では測れない, むしろ二項対立を超えた暮らしになるわけです。そうした要素も, 豊かな人生を支える力の1つとなるのです。このあたりの話は, 後ほど述べる3. 価値にかなった暮らしの章で詳しく取り上げます。それに, 大切にしたい価値を, 「絶対のもの」として二項対立でとらえてしまうと, 価値が本来持っている「人生を豊かにする力」は損なわれてしまいます。その理由は, また後ほど述べたいと思います。

　『ワークブック』では, 私たちの営みが二項対立になじまないことを, 6つの問いに答えるワークを通して読者に理解してもらいます。あなたが, クライエントと実際にやりとりする場合, 二項対立によるとらえ方がもたらす生きづらさについて, じっくりと時間をとって話し合ってみてもよいでしょう。

　そして，これはなにもクライエントにばかり求められる理解ではありません。豊かな人生を志向するセラピーを展開するうえで，あなた自身二項対立に陥らないようにするという姿勢が求められます。『ワークブック』をお読みいただくとわかりますが，生きづらさにせよ，心の柔軟性にせよ，価値にかなった暮らしにせよ，私は二項対立を後押しするような文脈や展開を採用していません。支援のなかに二項対立に基づく文脈を採用することで，その展開は二項対立が内包する「まったきAか否か」に巻き込まれることになります。そうしたことは，支援を良い方向に展開させないだけでなく，二項対立を採用する支援者という不適切なモデルをクライエントに示すことになるでしょう。

### 認知面でのアセスメント・ポイント

　クライエントがどのような認知的紐づけに陥っているかがわかると，支援者とクライエント双方にとって，クライエントの生きづらさがどのような認知的特徴に由来するかを理解することができます。したがって，どのようなマイナス思考が認知的紐づけとして生じているかをアセスメントしてみましょう。

　マイナス思考を見つける手がかりは，クライエントがどのような問題を抱えているかをまずは理解することです。問題を理解する際の問いかけは，あなたが普段クライエントの問題を理解するときに用いるものでよいでしょう。一般的には，「今，どんなことで困っているのですか？」といった問いかけとなります。ここでは，問題の詳細まで理解する必要はありません。クライエントの抱える問題が，大まかに理解できればそれで十分です。

　アセスメントでは，クライエントの抱える問題がひどくなってしまうのはなぜか，認知面と行動面から理解を深めます。

つまり，問題という「火種」があったとすれば，それをひどくする認知面や行動面の特徴は，問題の炎を大きくする「薪」といえます。どのような薪をくべてしまうために問題が大きくなっているか，まずは認知面からひも解いてみましょう。行動面のアセスメントについては，後ほど述べます。

　問題を大まかにとらえることができれば，その問題を手がかりとしてマイナス思考を見つけてみましょう。「その問題に関して，いつも頭に浮かびやすい考えはどんなことですか」，「その問題に関して，頭から離れない考えはありますか」のような問いかけによってクライエントの認知的紐づけを理解することができます。認知は，考えだけでなく記憶やイメージとして浮かぶこともあります。ですので，相手に応じてそうした言葉を質問に加えてみてもよいでしょう。

　このとき，問題をひどくする認知をクライエントが見つけられなければ，本書18頁で述べたように，さらに具体的な手がかりを加えて，ソクラテスの質問で尋ねてみてください。具体的な手がかりとして有効な言葉は，「自分」，「他人」，「過去」，「未来」の４つです。

　「自分」については，「私はダメ人間だ（無力だ）」，「私は価値がない」，「私は誰からも好かれない」のように，自分について悪くとらえてしまう考えを「自分」と紐づけてしまうことで生きづらさを強めてしまいます。「その問題に関して，ご自分についてどんなふうに思うことが多いでしょうか」のように，相手に応じてソクラテスの質問を繰り出してみましょう。

　「他人」については，「特定の他人」の場合もあれば，「不特定多数の他人」の場合もあります。どのレベルでの他人かがわかると，マイナス思考を見つけやすくなるでしょう。また，「他人から悪く思われていないか」，「誰も私のことを理解してくれない」といった他人から自分に向かう認知（他人か

らの評価懸念）と、「あの人はうそつきだ」、「あの人は嫌なやつだ」のように自分から他人に向かう認知（他人のラベリング）が、ここでは生じやすいマイナス思考となります。

「過去」については、過去の出来事を思い出してクヨクヨ考えてしまうといったことにより、後悔、怒り、憂うつといった感情に巻き込まれやすくなります。「その問題に関して、過去のことを思い出してクヨクヨと考えてしまうことがありますか。あるとしたら、それはどのような考えですか」のように、相手に応じてソクラテスの質問を繰り出してみましょう。

「未来」については、悪い先読みをしてしまう（破局的な将来を想像するなど）ことで、不安や絶望といった感情に巻き込まれやすくなります。「その問題に関して、この先こんなふうになるに違いないと悪く考えてしまうことはありますか。あるとしたら、それはどのような考えですか」のように、相手に応じてソクラテスの質問を繰り出してください。

いずれも、あることにネガティブな言葉を結びつけた「マイナス思考」と「現実」を紐づけることによって、クライエントの苦悩が深まります。マイナス思考が見つかったら、「あることとネガティブな言葉」と「マイナス思考と現実」という2つの認知的紐づけをクライエントと共有し、そうした認知的紐づけが問題をひどくしていることへの気づきを促してみてください。また、クライエントが鵜呑みにしているマイナス思考には、どのような二項対立が潜んでいるかを、クライエントと一緒に考えてみてもよいでしょう。そして、マイナス思考に伏流するその二項対立が、クライエントにどのような生きづらさをもたらしているかを話し合ってみてください。

# 体験の回避編

### 豊かな人生に向けた行動変容

　豊かな人生を志向するために求められること。それは，個人の大切にしたい価値にそった行動を選択し，実行すること。そしてもう1つは，生きづらさを強める回避行動に頼り過ぎてしまうという行動の偏りを正すこと。この2つが重要になります。このうち，前者と後者では何によってその行動が維持されるかという理由が異なります。

　行動が持続するのは，2つの理由があり，その理由によって私たちの感じる満足感や苦悩は異なることを理解する。こうしたことが，生きづらさをもたらす行動を減らし，価値にそった行動を広げるための個人の動機づけを高めることになります。ですので，豊かな人生に向けた行動変容を後押しするには，行動の持続に関わる2つの理由をクライエントに理解してもらい，理由次第で満足感や苦悩が異なることに気づいてもらう必要があります。すでに述べたように，気づきは納得をもたらし，納得が行動変容に向けた動機づけを高めます。そこで，《3》体験の回避編では，そのうちの「生きづらさをもたらす行動」に注目しています。

　《3》体験の回避編で，支援者に求められる一番の目標は，「不快な内的体験を避ける」という「体験の回避」といわれる行動パターンが，生きづらさを強め，人生を窮屈にすることを，クライエントに理解してもらうことです。そのために，行動の維持に作用する2つの強化と，強化のパターンによって満足感や苦悩が異なることを，クライエントに理解してもらうことがそのプロセスでは求められます。

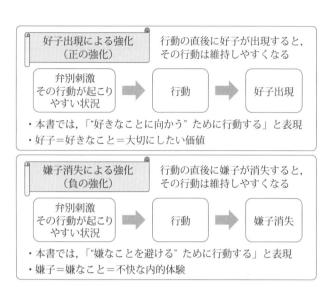

図3　2つの強化と本書で用いた用語の整理

### 強化のパターンによって満足感が異なることの理解を促す

　行動が持続する理由を，応用行動分析（Applied Behavior Analysis；ABA）では「好子出現による強化（正の強化）」と「嫌子消失による強化（負の強化）」という概念によって理解します（杉山ら，1998）。前者は，行動のあとにその人にとって好ましい刺激（好子）が出現することで，その行動が似たような場面（弁別刺激）で起こりやすくなるパターンをいいます。後者は，行動のあとにその人にとって好ましくない刺激（嫌子）が消失することで，その行動が似たような場面（弁別刺激）で起こりやすくなるパターンをいいます（図3）。

　『ワークブック』では，強化という概念を"動機"という言葉で表し，「好子出現による強化」を「『好きなことに向かう』ために行動する」と，「嫌子消失による強化」を「『嫌なことを避ける』ために行動する」として解説しています。こうした言葉を用いて解説しているのは，このあとの話──体

験の回避と価値にかなった暮らし──の理解を促す布石となっています。

　生きづらさをもたらす理由の1つとして，クライエントに体験の回避を伝えることになります。この体験の回避は，行動としては「嫌子消失による強化（負の強化）」に基づいています。というのが，「嫌子消失による強化」に基づく行動は，その多くが回避行動であったり逃避行動であったりするからです。一方，豊かな人生を志向するために，「個人の大切にしたい価値にかなった暮らしを送る」という話が，『ワークブック』の後半に登場します。価値にかなった暮らしは，「好子出現による強化（正の強化）」に基づいています。「『好きなことに向かう』ために行動する」と表わすことにより，クライエントは好きなことと価値を関連づけて理解しやすくなります。また，価値にかなった暮らしを送るという行動レベルの反応を，「好きなことに"向かう"」と表わすことで，価値にそった行動の機能がイメージしやすくなります。「ウォーキングする」という行動でも，「病気になりたくないから」と「健康でいたいから」だと，両者は似ているようでも，機能がまったく異なるのです。前者は，「病気を避けたい」という嫌子消失による強化であり，後者は「健康でいたい」という好子出現による強化です。価値にそった行動とは，好子出現による強化に基づく行動をいいます。このあたりの話は，本書の（4）価値にかなった暮らしの章で改めて詳しく述べます。

　日常生活における主たる行動が，「好子出現による強化」ではなく「嫌子消失による強化」に偏ってしまうと，その人から満足感や幸福感が損なわれやすくなります。このことは，「『正の強化の機会の減少』と『負の強化による回避行動の増加』によって，抑うつ症状が強まる」というFerster（1973）の知見からも示唆されます。

　先ほど（29頁），私は次のように述べました。

　　大切にしたい価値を,「絶対のもの」として二項対立でとらえてしまうと, 価値が本来持っている「人生を豊かにする力」は損なわれてしまいます。

　その理由を, 2つの強化をもとに説明したいと思います。大切にしたい価値を,「絶対のもの」として二項対立でとらえる在りようは,「Aという価値こそ絶対だ」とか「世の中の誰もがBという価値を大切にすべきだ」のような立場に, その人を立たせることになります。そうすると, その価値にそえないときがある自分を不快に感じるようになります。また, その価値にそわない他人のことを許せなくなったり, 受け容れることができなくなったりします。その結果,「価値にそえない自分を直視することの不快さを避けたい」とか,「価値にそわない人を打ち負かしたい」という欲求が駆動しやすくなるのです。

　本来, 大切にしたい価値は, 私たちに「好きなことに向かう」という動機に由来した行動（好子出現による強化に基づく行動）を後押ししてくれるものです。しかし, 大切にしたい価値を,「それこそ絶対」として二項対立でとらえてしまうことで, 自分を直視することを避けたりその価値と相いれない人々を打ち負かそうとしたりするようになる。その行動はもはや,「好きなことに向かう」という動機（好子出現による強化）ではなく,「嫌なことを避ける」という動機（嫌子消失による強化）に置き換わっています。その行動は, 私たちを生きづらくすることはあっても, 豊かな人生にいざなってはくれません。

　さて, 『ワークブック』では, 勉強のメタファーを用いて, 嫌子消失による強化（負の強化）に基づく行動よりも, 好子出現による強化（正の強化）に基づく行動の方が幸福感や満

| 素顔を見られたくないから | 嫌なことを避ける |
| 綺麗になったと思いたいから | 好きなことに向かう |

どちらの方が，やっていて「楽しい」と思えますか？

「嫌なことを避けるために」という動機に偏ると，満足感は損なわれます。

図4　化粧のメタファー

足感をもたらすことを説いています。この理解は，このあとの展開を左右する重要な局面になりますので，相手に応じてメタファーを替えても構わないと思います。私は，ほかには「化粧のメタファー」を使います（図4）。こうしたメタファーを用いることによって，クライエントは「嫌子消失による強化」に偏ってしまうことで，心が満たされにくくなることを理解することができます。

　ここでのメタファーを考えるコツは，支援者であるあなた自身が，同じ行動を「好子出現による強化」と「嫌子消失による強化」の双方で強化されるパターンを考えてみたら，浮かびやすくなります。相手に応じてメタファーを替えると述べましたが，たとえば「『憂さを晴らしたくて酒を飲む』か『がんばったご褒美として酒を飲む』」は，わかりやすいメタファーですが，アルコール依存などの嗜癖の問題を持つ人にはふさわしくありません。相手の状態に応じて，「『好きなことに向かう』という動機に基づく行動が豊かさをもたらす」ことへの気づきを促すメタファーを考えてみてください。

　さて，ここで注意しておかなければならないことは，「嫌子消失による強化」が悪くて「好子出現による強化」が良いという二項対立による概念提示を行わないことです。《2》認知的紐づけ編でも述べたように，二項対立を採用することが，

私たちを生きづらくし，豊かな人生を送ることを阻むからです。また，「嫌子消失による強化」に基づく行動が主たる行動だった人にとって，そのような提示のされ方は，自己否定的メッセージとして機能することになります。そのようなメッセージを支援者から受け取って，クライエントは生きづらさを強める行動に耽溺することはあっても，豊かな人生を志向する動機づけが高まることは決してありません。私たち支援者は，クライエントのこれまでの主たる行動が，仮に「嫌子消失による強化」に基づいていたとしたら，クライエントにしかわからない事情に由来するのだという謙虚さを持っておくことが大切です。

『ワークブック』では，嫌子消失による強化に基づいた行動は，生命維持に関わる行動として大切であると述べ，必ずしもすべて悪いわけではないことを強調しています。体験の回避（嫌子消失による強化に基づく行動）をとらざるを得なかったクライエントの事情に理解を示しつつ，体験の回避が必ずしも自分に豊かさをもたらさないかもしれない可能性について，クライエントとともに丁寧に理解を深めていく姿勢が求められます。

### 体験の回避が苦悩を強める

CBT では，回避行動や逃避行動など，嫌子消失による強化に基づく行動がクライエントの問題の維持をもたらすことを強調してきました。ACT では，不快な思考や感情などの内的体験を回避しようとする行動を，「体験の回避」といいます（Hayes et al., 2012）。これは，CBT が長年にわたって集積してきた，人の行動に対する理解により得た知見の応用でもあるのです。『ワークブック』でも，ACT における体験の回避を，生きづらさをもたらす行動として説明しています。「体験の回避」は，不快な内的体験（思考・感情・記憶など）を

避けようとする行動を表します。このなかには，不快な内的体験を考えないようにすることも含まれます。

　体験の回避を用いる動機づけを下げるために，『ワークブック』では「不快な内的体験を避けようとすると，逆にそれを引き寄せることになる」というルールを強調しています。ACT では，体験の回避が問題解決には決して有効ではないことをクライエントに気づかせるために，このルールの理解を促すことが，重要な治療プロセスとして位置づけられています（Hayes & Wilson, 1994）。

　「不快な内的体験を避けようとすると，逆にそれを引き寄せることになる」という体験の回避の不適切性については，皮肉過程理論（Wegner, 1994）と ABA により理解することができます。

　まず，「不快なことを考えないようにする」という内的処理レベルについてみてみましょう。「不快な内的体験を避けようとすると，逆にそれを引き寄せることになる」を，内的処理レベルで説明すると，不快なことを考えないようにすれば，逆にそれを強く考えるようになるということです。皮肉過程理論では，「シロクマについて考えないでください」と教示された人は，シロクマのことをより多く考えていたというシロクマ抑制課題について，次のように説明しています。シロクマを考えないようにしようと思えば，いつも「何を考えないようにすべきか」を抑えるために，「シロクマ」を心にとどめておかなければなりません。つまり，考えないようにしようとする限り，考えないようにしたい「シロクマ」のことを考え続けることになります。その結果，シロクマへの注意は高まり，それが侵入思考となってシロクマに関する思考が増えるのです。不快なことを考えないようにすれば，逆にそれを強く考えるようになる理由は，ここにあります。この皮肉過程理論によると，感情や記憶などの他の内的体験につい

ても同様のことがいえます。このことを読者に気づいてもらうために,『ワークブック』では《3》体験の回避編のなかで「吊り橋」のメタファーを,《6》マインドフルネス編のなかで「青いスパゲッティ」のメタファーを用いています。「吊り橋」のメタファーは感情について,「青いスパゲッティ」のメタファーは思考について,体験の回避が感情や思考を逆に強めることを理解する手助けとなります。

　一方,「不快な内的体験を避けるために行動する」という行動反応レベルについてみてみます。この行動が不快な内的体験を避けるために採用されるのは,その行動が強化されているためだと,ABAでは考えます。すなわち,その行動によって,不快な内的体験（嫌子）が一時的に低下したかのように感じられるのです。嫌子消失による強化が働いているわけです。しかし,この種の回避行動は,短期的に不快な内的体験を回避できたという成功体験によって,不快な内的体験を誘発する刺激に対する解釈の確信度を強めてしまうことになります。たとえば,高所恐怖症の人が,瀬戸大橋を車で渡ろうとした場面を想像してください（瀬戸大橋は,車道から海面まで90メートルほどあり,走行中に海が一望できます。高所恐怖症の人には,たまらなく怖いスポットなのです。ちなみに,私もその一人です）。瀬戸大橋に近づいてくると,「瀬戸大橋を車で渡ろうとすると,怖さが高じて途中で運転できなくなる」と考え,だんだんと恐怖が募ってきました。そこで,手前のサービスエリアで同乗者に運転を交代してもらったところ,恐怖心は一気に下がりました。そうすると,「瀬戸大橋を車で渡ろうとすると,怖さが高じて途中で運転できなくなる」という考えの確信度は高まり,瀬戸大橋を自分で運転して通過することの苦手意識はますます強まるのです。このことからもわかるように,不快な内的体験を行動によって避けることで,短期的には不快な内的体験を回避できたかの

ように見えても，長期的には不快な内的体験を誘発する刺激への注意が増すので，それを避ける頻度が増えてしまい，生きづらさを強めてしまいます。以上のことから，「不快な内的体験を避けようとすると，逆にそれを引き寄せることになる」を行動反応レベルで説明すると，不快な内的体験を避けるために行動すると，逆にその不快な内的体験に関する注意が高まり，ますます不快な内的体験に縛られるようになってしまうということがいえます。

　この，行動反応レベルでの体験の回避の不適切性に気づいてもらうために，そうした行動は短期的にはメリットがあるように見えるけれど，長期的にはデメリットをもたらすことへの理解を促す必要があります。そのために，『ワークブック』では《3》体験の回避編のなかで「ゴキブリ」のメタファーを用いています。これ以外に，先ほどの高所恐怖症の話のように，体験の回避による短期的メリットと長期的デメリットのメタファーは，日常にあふれているでしょうから，クライエントに応じて繰り出していただけたらよいと思います。ここでは，クライエントに「これまで行ってきた体験の回避が，まったく有効でないどころか，実は自分の苦しみを強めてきた」という気づきを得てもらうことが目標です。

### 行動面でのアセスメント・ポイント

　行動面でのアセスメントのポイントは，2つあります。1つは，体験の回避として生じているなんらかの回避行動と，避けているものはなにかを明らかにすることです。そしてもう1つは，マイナス思考の影響を受けてとってしまう行動（以下，非機能的行動）はなにかを明らかにすることです。

　このうち，体験の回避については，クライエントはどのような内的体験を避けようとしているのかをまず明らかにします。「日常生活で，避けたくなる考えや感情，記憶にはどのよ

うなものがありますか」と尋ねてもよいですし，本書30頁の「認知面でのアセスメント・ポイント」で見つかったマイナス思考を始めとする認知が浮かんだときになにをしているかと尋ねてもよいでしょう。避けてしまう内的体験を同定することができたら，それに対してどのような回避行動を行っているかを明らかにします。このときの問いかけは，「その不快な考え（感情・記憶）に対して，普段どのように対処していますか」のように，内的体験に対して行う回避を，クライエントが行動として答えることができるように尋ねてみるとよいでしょう。

　もう1つの非機能的行動については，クライエントが普段鵜呑みにしているマイナス思考によって，どのような行動をとりやすいかを明らかにします。Beck（1979）の認知モデルでも謳われているように，私たちの認知は行動に影響をもたらします。たとえば，「とても高価なブランド物のバッグです」といってプレゼントされた鞄は，丁寧に扱うと思います。ところが，「その鞄，実は偽物なんです」と言われたら，鞄に対する扱いはとたんにぞんざいになるでしょう。同じ鞄なのに行動が違ってくるのは，その鞄に対する解釈の仕方が違うためです。こんなふうに，自己や世界をどのように意味づけるかという認知の在りようによって，私たちの行動は非機能的な行動となることもあります。「私はダメ人間だ」というマイナス思考を鵜呑みにしたせいで，積極的になにかにチャレンジをするといった行動は起こりにくくなるかもしれません。そうすると，「私はダメ人間だ」という考えは余計にその人のなかで確信を帯びてしまいます。非機能的行動を明らかにするために，本書30頁で見つかった認知（マイナス思考）を手がかりとして，「そう思うと，どんなふうにふるまってしまいますか」のように尋ねてみてください。相手がうまく答えられないようでしたら，具体的な手がかりを増やして「そう

思うと，積極的に誰かにかかわろうとするでしょうか」，「そんなふうに考えてしまったせいで，自分を追い詰めるような行動をとることはありますか」のように尋ねてみてもよいでしょう。

　回避行動や非機能的行動が明らかになったら，次はそうした行動が長い目で見るとクライエントの生活の質を損ない，生きづらさを強めていたことに気づいてもらいます。この気づきをクライエントにもたらすために，『ワークブック』では読者にこれまで不快な内的体験にとらわれたときのことを思い出すことを求めています。実際のセラピーでは，その不快な内的体験を取り除くためにしてきたことのうち，一度でもうまくいったことはあったかを尋ねてみてください。クライエントは，「その時はうまくいった」と答えるかもしれません。そうしたとき，それを肯定したうえで，「長い目でみて，そのときの対処は本当にうまくいったといえるか」，「そのせいで，失ったものはなかったか」など，回避行動に伴う長期的デメリットについて考えてもらいます。同様に，非機能的行動についても，「そのようにふるまうことが，あなたの生活になにをもたらしたでしょうか」，「そのようにふるまうことによって，あなたは幸せや喜びを感じたでしょうか」のように問いかけてみましょう。このとき，支援者から，それらの行動の非有効性を伝えるのではなく，クライエント自身に気づいてもらう。そのために，ここでもソクラテスの質問を用いるわけです。

（3）

# 心の柔軟性の章

　２．心の柔軟性の章では，心の柔軟性とはなにか，そしてそれが豊かな人生を志向するうえで求められる理由について述べています。心の柔軟性は，先ほどの章でお伝えした２つの「認知的紐づけ」を断ち切る力を育むことです。そのために，本章では認知療法とマインドフルネスを中心に取り扱うことになります。

## 心の柔軟性はプラス思考を見つけ出すことではない

　『ワークブック』では，２．心の柔軟性の章のはじめに，プラス思考で私たちは幸せになれるかということを，読者に投げかけています。市井では，マイナス思考やネガティブな考えで苦しんだりすると，プラス思考やポジティブな考えに変えるように推奨されることが多いと思います。しかし，プラス思考は実際のところマイナス思考に陥っている私たちが，苦しみから脱するのを手助けするだけの力を持っていません。なぜなら，プラス思考も認知的紐づけだからです。マイナス思考が，「あること」に「ネガティブな言葉」を紐づけていたのに対して，プラス思考は「あること」に「ポジティブな言葉」を紐づけているのです。したがって，プラス思考はその極端さゆえに，マイナス思考で苦しむ私たちに納得をもって受け入れられることはありません。それが，プラス思考がマイナス思考に苦しむ私たちを楽にはしない一番の理由です。

　『ワークブック』では，私たちはプラス思考を極端だと切り捨てることができるのに，同じく極端なマイナス思考を鵜呑みにしてしまう理由について，人間の持つ生存戦略のなせる業として説明しています。加えて，ネガティブに考えたからこそ救われた局面があることを，読者に思い起こすきっかけを作っています。これには，「マイナス思考がすべて悪いわけではない」というメッセージのほかに，2つの意図があります。

　1つは，一部の人をよりつらくしないためです。これまでマイナス思考で苦しむことを繰り返してきた人に，または「自分はネガティブに考える人間だ」と自分のことを概念化している人に，マイナス思考やネガティブな考えを全否定するようなことを述べる。それは実のところ，そうした人にとっては，「マイナス思考で考える自分がダメなのだ」というメッセージとして機能することになるのです。そうすると，その人の持つ「自分はネガティブに考える人間だ」のような概念化がさらに強まり，その枠から自分や世界を眺める態度から距離を置くことが難しくなります。私たち支援者は，自分のつむぐ言葉を，クライエントはどのように体験するかということに敏感でいた方がよいでしょう。

　そして，もう1つの意図は，二項対立に陥らないということです。「マイナス思考が良くない」というのは，結局のところ「"良くないマイナス思考をしている"vs"良くないマイナス思考をしていない"」という二項対立を前提とした立ち位置を相手に届けることになります。二項対立的なマインドセットは，豊かな人生を志向する力とはならないうえに，これから育もうとする「心の柔軟性」と相いれません。

### 心の柔軟性は2つからなる

　では，その「心の柔軟性」とはどのような状態をいうので

しょう。『ワークブック』では，心の柔軟性とは，1．生きづらさの章で伝えた2つの認知的紐づけを断ち切る力であると述べています。ここで述べる心の柔軟性は，ACTでいうところの心理的柔軟性と完全に同義ではありません。ACTでは，認知の機能を変えることを重視します。たしかに，その手続きは重要ですが，それと同じように認知の内容を変えるという手続きも重要であると，私は考えています。

マイナス思考とは，「あること」に「ネガティブな言葉」を紐づけたものです。マイナス思考にこだわり，それ以外の考え方ができなくなる。これは，神経心理学的に理解すると，思考の柔軟性（cognitive flexibility）と呼ばれる機能が低下していることを示しています。思考の柔軟性は，セットの転換（set-shifting）ともいい，前頭前野背外側部に由来する機能です。思考の柔軟性は，すでに頭の中で成立している概念を別のことに切り替える認知機能を表します。思考の柔軟性が高いと，発想が豊かで，臨機応変に物事を進めることができます。反対に，思考の柔軟性が低下すると，発想や視点の転換が困難になり，1つの考えにこだわり，柔軟な思考ができなくなります（Dajani & Uddin, 2015）。こうした状態を，心の硬さとして理解するとわかりやすいと思います。実際，思考の柔軟性は，うつ病を患った成人で機能低下がみられることが明らかにされています（Deveney & Deldin, 2006; McClintock et al., 2010）。

私たちは，思考の柔軟性を簡便に評価する神経心理検査を開発しました（Takeda & Fukuzaki, 2021）。「思考の柔軟性検査（Cognitive Flexibility Test; CFT）」と名づけられたこの検査は，2種類の物品について，本来の用途とは異なる使い方を多く挙げるという手続きからなります。『ワークブック』でも述べた，「箸を『食べ物を食べる』以外の用途を考える」のようなことです。認知機能のアセスメントに加え，う

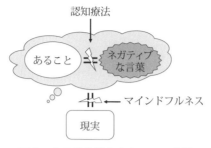

図5　心の柔軟性を育む2つの方法

つ病を含む心の健康を評価する検査として使っていただけるよう，研究を進めています。こうした検査も，『ワークブック』で述べている心の柔軟性を評価する指標として用いることができると思います。箸を「食べ物を食べる」以外の用途が挙げられないのは，「箸」＝「食べ物を食べる道具」という紐づけが強すぎるからです。これは，思考の柔軟性が損なわれている状態，つまり思考の硬さを表します。私たちが豊かに暮らしていくためには，視野が広く発想の転換が豊かで，臨機応変に物事に対応できる思考の柔軟性は不可欠です。したがって，『ワークブック』では「あること」と「ネガティブな言葉」を断ち切る力を育むことを重視しているのです。

　以上のことから，「あること」と「ネガティブな言葉」の紐づけを断ち切り，それ以外のとらえ方ができることが，心の柔軟性の1つだということをおわかりいただけたと思います。これは換言すると，「考え方の幅を広げる力」のことです。そして，この力を作り出すために有効なのが，認知療法です。認知療法は「認知の内容を変える」ことに主眼が置かれますが，それは「あること」と「ネガティブな言葉」の紐づけを断ち切る力を養うことを狙いとしているのです（図5）。心の柔軟性の1つは，「あること」と「ネガティブな言葉」を断ち切る力，すなわち私たちの体験をさまざまな視点からとらえ

る力です。視野の広さともいえるでしょう。

　一方，マイナス思考が私たちを苦しめるのはなぜか。それは，マイナス思考という「頭の中の言葉の産物」を「現実」と紐づけるからです。だとすれば，「マイナス思考」と「現実」の紐づけを断ち切ることができれば，マイナス思考の力は失われます。ここでクライエントに誤解しないでほしいのは，マイナス思考と現実の紐づけを断ち切ることができれば，現実から苦痛がなくなるといっているのではないということです。治らない病を得る。元の状態に戻らない障がいを得る。大切な人を亡くす。好きだった人と別れる。住んでいた家や職を失う。その他，私たちは生きていると避けては通れない苦痛を何度も経験します。むしろ，そうした苦痛を抱えた状態こそ，私たち人間存在のデフォルトと考えておいた方がよいだろうと思います。

　しかし，現実に何らかの苦痛があったとして，苦痛それ自体とはまったく別ものであるマイナス思考と本来の苦痛（現実）を結びつけると，苦痛（現実）がそのマイナス思考の色を帯びるわけですからその分つらさは増します。それこそが，「苦悩」なのです。そして，それを避けたくてあれこれと奮闘した結果，「不快な内的体験を避けようとすれば，逆にそれを引き寄せることになる」という法則が効いて，さらに苦悩を深めてしまう。その苦悩から逃れようと，ますます体験の回避に頼ろうとしてしまう。そんなふうに，自分の生き方をどんどん硬くしてしまうことを，窮屈にしてしまうことを，私たち誰もがきっと望んでいないでしょう。

　余分な苦悩をおろしてあげるには，マイナス思考と現実の紐づけを断ち切ることです。ACT では，このことを「認知的ディフュージョン（思考と距離を置く）」といいます（Hayes et al., 2012）。それは別の言い方をすれば，体験の回避を行わずに，その体験を受け容れるということでもあります。図

5で説明すると,「マイナス思考」と「現実」の間の「＝」を断ち切る力のことです。そして, この力を作り出すために有効なのが, マインドフルネスです。マイナス思考を通して現実を眺めるからつらくなる。ならば, マイナス思考それ自体を言葉の産物として観察することができれば, マイナス思考の持つ毒性は抜き取られる。そうなると, 認知それ自体にその人をつらくする働き（機能）がなくなります。マインドフルネスなどの第三世代 CBT がいう「認知の機能を変える」とはこういうことをいうのです。心の柔軟性のもう１つは,「マイナス思考」と「現実」を断ち切る力, すなわち思考と距離を置く力です。思考と距離を置いて現実──今・ここ──を体験することができる柔軟さといえるでしょう。

## 豊かな人生を志向するのになぜ心の柔軟性が必要か

それでは, こうした心の柔軟性が, なぜ豊かな人生を志向するために求められるのでしょう。認知療法やマインドフルネスによる心の柔軟性が, 豊かな人生を志向するうえで重要な訳は, それぞれの節で詳しく述べるとして, ここでは私が提示した「２つの紐づけを断ち切る力」が豊かな人生を志向するために必要な理由を述べてみたいと思います。

認知的紐づけとして挙げた２つをもう１度引っ張りだしてみます。１つは,「あること」と「ネガティブな言葉」を紐づけること。もう１つは, そうしてできた「マイナス思考」と「現実」を紐づけることです。この２つのどちらも強いままだと何が起こるでしょう。それはきっと, 自分を含む世界のとらえ方を窮屈にしてしまうのです。「自分は弱い人間だ」「世間は冷たいところだ」「他人からよく評価されたい」「世間の常識からはみ出してはならない」「この病気のせいで余生が短いから, いまさら何をやっても意味がない」「この障がいのせいで前のように楽しむのは無理だ」「この病気は遺伝するか

ら子どもや子孫まで不幸にする」「住む場所を失ったからもうおしまいだ」「会社をクビになったから，もうやけくそだ」……総じて「豊かな人生なんて幻想だ」

以上に共通していえるのは，「内的体験の仕方に対する可動域の狭さ，選択肢の乏しさ」です。これが，2つの認知的紐づけによってもたらされる体験様式，つまり「心の強硬性」です。『ワークブック』でも本書でも，大切なことなので何度も述べていますが，「豊かな人生は前提条件を必要としない」のです。財貨の多寡，余命の長短，病気や障がいの有無，その他一般的に考えられる「幸せの条件」とは無関係に，誰もが豊かな人生を志向することができる。豊かな人生を送るキーワードは，「大切にしたい価値にかなった暮らし」です。後で詳しく述べることになる「価値」こそ，私たちを豊かな人生へといざなう力となるのです。そして，自分の大切にしたい価値は，決して出来合いのものではありません。価値が出来合いのものとは，「自分以外の誰かが決めてしまったもの」ということです。先ほど述べた，自分を含む世界のとらえ方を窮屈にしてしまう心の硬さは，周囲の評価に対する過敏さや世の中の信憑によって生まれることもあります。そうした「他人のものさし」を使って自分の生き方を測っている限り，私たちに豊かな人生なんて訪れません。

大切にしたい価値とは，「その人の心から純粋に生まれてくるもの」です。「誰がどう思うかなんて関係ない。これこそ，自分が心から大切にしたいと思える価値だ」と納得できるものです。そうした価値に気づき，そうした価値にかなった暮らしを送るためには，「内的体験の仕方に対する可動域の広さ，選択肢の多様さ」が不可欠なのです。そして，内的体験の仕方に対する可動域の広さや選択肢の多様さは，「あること」を多角的にとらえることができる視野の広さと，思考と距離を置いて現実——今・ここ——を体験することができる

柔軟さの双方（『ワークブック』でいう心の柔軟性）によって育まれます。それゆえ，この2つからなる心の柔軟性を育てるために，認知療法とマインドフルネスの援用が求められるのです。豊かな人生を志向するために求められる心の柔軟性を育むには，「認知の内容を変える」のと「認知の機能を変える」のと，どちらが重要かという二項対立に立つのではありません。どちらも重要なのです。

## 認知療法編──考え方の幅を広げる力を
## 育むことを目指す──

### 「考え方の幅を広げる」ことがなぜ豊かな人生に必要なのか

　認知療法が主眼とする「認知の内容を変える」とは，「あること」と「ネガティブな言葉」の紐づけを断ち切ることです。これは，換言すると考え方の幅を広げるということでもあります。『ワークブック』では，「『食べ物を食べる』以外に箸の用途を考える」という課題を通して，考え方の幅を広げるとはどういうことかを読者に伝えています。認知療法は，「プラス思考に変える練習」のように誤解されることがあります。しかし，先ほどの箸の課題によって挙がった答えは，いずれもプラス思考ではありません。認知療法が目指すのは，プラス思考を作り出す力ではなく考え方の幅を広げることであるのが，この課題によって明確に理解することができます。

　では，豊かな人生を志向するために，なぜ考え方の幅を広げる力を育むことが求められるのでしょう。その理由として，先ほど述べたこととは別に，価値にかなった暮らしを送る動機づけと価値にそった行動レパートリーの案出という2点から説明してみたいと思います。

　マイナス思考に振り回されやすくなるというのは，普段からその人が「あること」と「ネガティブな言葉」を紐づける

というマインドセットで暮らしているということです。そうした思考の硬さを維持したままだと，「価値にかなった暮らし」についてもネガティブな言葉を紐づけてしまうことになります。それによってその認知が機能すると，価値にかなった暮らしに対する動機づけは弱まるのです。たとえば，「価値にかなった暮らし」と「そんなことしても意味がない」というネガティブな言葉を紐づけると，価値にかなった暮らしにアクセスする動機づけは減弱します。つまり，食べてもいないのに「美味しくない」と判断する食わず嫌いが起こってしまうのです。本来"虚"に過ぎない認知が，"実"を帯びるわけです。それゆえ，価値にかなった暮らしに向かう動機づけを高めるために，価値にアクセスすることを多角的にとらえることができるよう考え方の幅を広げる力が求められるのです。

　一方，価値にかなった暮らしを送るには，価値にそった行動を選択し，実践することが求められます。ところが，価値を見つけることはできても，それにそった行動を案出するのが困難な人がいます。そのような人に共通しているのが，価値にそった行動の案出を阻む認知が浮かびやすくなっているということです。つまり，「価値にそった行動」と「そんなの考えるなんて無理」とか「それを考えるのはとても難しい」のようなネガティブな言葉を紐づけてしまうと，大切にしたい価値を見つけた後にその価値にそった行動のアイデアが浮かびにくくなるのです。また，価値にそった行動の案出を阻む別の要因に，思考の柔軟性（セットの転換）の低下が関与していることもあります。思考の柔軟性は，発想の豊かさや柔軟な思考にかかわる認知機能でした。考え方の幅を広げるとは，思考の柔軟性を高めることでもありました。大切にしたい価値が見つかり，その価値にそった行動を選択し実践するには，価値にそった行動を自由に挙げることができる思考

の柔軟性が求められます。

　以上の理由から，《5》認知療法編で狙いとするのは，このあとに控えている「価値にかなった暮らし」を存分に味わえるように，考え方の幅を広げる力を少しでも育んでおくことを目指すわけです。これは，必ずしも本格的な認知療法の実践を求めるものではありません。ですから，『ワークブック』で目指す認知療法的暮らしは，極めて現実的で達成可能なレベルをターゲットとしています。

## マイナス思考を変えるではなく影響力を弱める

　そのためのプロセスを，『ワークブック』では「マイナス思考のパワーをそぎ落とす」というパラダイムを用いて述べています。「マイナス思考を変える」ではなく，「マイナス思考のパワーをそぎ落とす」と表現しているのには，理由があります。マイナス思考を変える必要があると判断されるのは，クライエントが強い思い込みに苦しんでいるからです。しかし，そうだとしたら，クライエントと支援者にとって，それを変えることを目指すのはかなり困難なチャレンジになるだろうと容易に想像できるでしょう。そして，クライエントや支援者が，「これを進めるのは無理だ」とか「これは難しすぎる」と思ってしまうと，事態は本当にそうなってしまいます。なぜなら，クライエントや支援者のチャレンジをそのように概念化してしまうと，チャレンジを前進させるためのアイデアは湧き起らず，プロセスが硬直してしまうからです。そうすると，「やはりこれを進めるのは無理だ」とか「やはりこれは自分には難しすぎる」という思い込みをますます強めてしまい，チャレンジを進めるためのリソースは開花しなくなるのです。それは，クライエントと支援者が「認知的紐づけ」にからめとられてしまっている状態といえます。

　ですので，支援を確実に前進させるには，クライエントと

支援者に双方とって，困難に感じるような方法論を採用してはならないというのが，大切な支援の前提となります（だからこそ，どのようなオリエンテーションであれ，その技法を習得するための努力は，私たちが対人援助職を生業とする限り不可欠なのです）。その前提に対する最適解は，「これくらいならできそう」と思えるように，さまざまな臨床的営みをスモールステップ化してしまうことです。ですので，このあとに紹介する認知療法的暮らしも，認知療法をスモールステップによって細分化し，クライエントも支援者も「これならできそう」と思えるようなささやかな課題として提示しています。

　では，「マイナス思考のパワーをそぎ落とす」とは，実際どのようなイメージでしょう。マイナス思考を鵜呑みにして苦しんでいるときは，マイナス思考という強力なゴムでできた風船が頭の中いっぱいに膨らんでいるようなものだと，『ワークブック』では述べています。このような状態で，別の考えを見つけること自体が無理な話です。別の考えを作り出す容量がそこにはないわけですから。「マイナス思考のパワーをそぎ落とす」とは，そのマイナス思考の影響力を少しでも弱めるということです。『ワークブック』では，「マイナス思考の風船に小さな穴をあけましょう」というメタファーを用いて，マイナス思考の影響力を少しでも弱めることを説明しています。これはつまり，読者に「この程度ならできそう」と思ってもらうことで，認知療法的暮らしに対する動機づけを高めることを狙っているのです。マイナス思考の風船に穴をあけると，それは小さくしぼんでいく。でも，風船自体は残りますね。それでいいのです。というのは，「マイナス思考を無くす」という態度は，「マイナス思考を無くす vs マイナス思考が無くならない」という二項対立に拠ることになります。『ワークブック』では，一貫して二項対立的なマインドセットを

緩めることを重視しています。マイナス思考に陥ってしまうこともあるけれど，そればかりではないとらえ方もできる柔軟さを心が備えている。そのようなマインドセットを育むために，『ワークブック』では認知療法を暮らしのなかに取り入れるコツを紹介しています。

### 認知療法的暮らしの取り入れ方

《5》認知療法編では，まずマイナス思考を見つめ直す7つの問いを紹介しています。これは，Beck（1995）の問いかけを参考にして，私が『トレブック』（竹田，2012）のなかで紹介した問いかけになります。認知療法では，マイナス思考の妥当性や有用性をクライエント自身に検討してもらい，それらが実際は高くはないことを気づくことによって，マイナス思考の影響力を下げます。頭の中を占めていたマイナス思考の影響力がそぎ落とされることで，「あること」に紐づけていた「ネガティブな言葉」の結びつく力が弱まり，その言葉以外のとらえ方が浮かびやすくなるのです。『ワークブック』では，7つのうちお気に入りの問いかけを1つ見つけて，マイナス思考に気づいたときにその問いを通して自問することを推奨しています。1つにしているのは，もちろん認知療法を暮らしの中に取り入れる動機づけを高める（「これならできそう」と思える）ためです。

　7つの問いは，いずれも「あること」と「ネガティブな言葉」を断ち切るきっかけを与えてくれます。クライエントがこれまで「あること」と「ネガティブな言葉」の紐づけを鵜呑みにしてきたヒストリーを抱えていたのであれば，マイナス思考に気づいたときにどれか1つでも問いを自問することで，考え方の幅を広げる心の成長を後押しすることができます。あなたが面接場面でクライエントにこの問いを投げかけるのであれば，ソクラテスの質問によるコミュニケーション

を意識してください。決してあなたから「こう考えましょう」のように答えを言わないことです。そうした対応は，クライエントの心の柔軟性を育まないどころか，「私は支援者の助力なくして問題を乗り越えることができない」というクライエントの思い込みを強めてしまいます。

　さて，『ワークブック』では従来の「自問を通したアプローチ」以外に，考え方の幅を広げるコツについて紹介しています。そのコツを機能させるために，『ワークブック』ではまず「考え」を「自分への声かけ」という言葉にリフレイムしています。そうすることで，マイナス思考という「自分への声かけ」を自分に浴びせ続けることの不合理さに気づいてもらうようにしています。そして，「自分への声かけ」を一言二言変えてみることをそのあとに提案しています。一言二言の例として，「かもしれないし，そうじゃないかもしれない」，「にもかかわらず」，「そして」の３つを挙げています。それぞれの言葉について，簡単に説明します。それぞれの言葉の機能と効果については，『ワークブック』をお読みいただくと，例を交えて理解を深めることができます。

　「かもしれないし，そうじゃないかもしれない」は，マイナス思考の根拠と矛盾点に注目するのを促すことができます。この言葉をマイナス思考につけ足すだけで，マイナス思考のパワーはそぎ落とされます。「にもかかわらず」と「そして」は，マイナス思考の流れを簡単に変えてくれます。私たちは，自分や世の中について悪く解釈できる事象が起こったとき，「だから」という言い回しを用いてその事象を通したネガティブな考えを深めてしまいます。このとき，「だから」ではなく「にもかかわらず」と言い換えることで，当該事象に存する強み，うまくいっていること，良いことに目を向けられます。そうすると，当該事象に対する建設的な思考をつむぎだすことができます。一方，私たちは自分や世の中について

良く解釈できる事象が起こったとき，「でも」という言い回しを用いて当該事象の価値下げを図ることがしばしば起こります。このとき，「でも」ではなく「そして」と言い換えることで，当該事象に対する解釈の方向を変えず，さらに建設的な思考をつむぎだすことができるのです。

　こうした一言で，自分への声かけ（考え）が変わることを読者に理解してもらった後に，『ワークブック』では「自分にとって手触りのよい言葉」，「その言葉を投げかけるだけで，少しでもホッとできる言葉」，「その言葉を唱えると，『豊かさに向けて，何かやってみよう』と思える言葉」，すなわち自分だけの「自分へのメッセージ（セルフトーク）」を1つでよいので持ってみることを提案しています。もちろん，すでに挙げた3つの言い回しや7つの問いのいずれかを，考え方の幅を広げる道具としてクライエントに使っていただいても構いません。ここで提案している3つの言い回しも7つの問いも，クライエントの「あること」と「ネガティブな言葉」の紐づけを断ち切るきっかけを与えてくれる「セルフトーク」として機能することになります。

　クライエントに浮かびやすいマイナス思考の傾向がわかれば，どのようなセルフトークが機能しやすいかを検討することができます。たとえば，将来を悪く先読みするような認知に苦しんでいれば，7つの問いのうち「その考えがそのとおりだと思える理由は？」，「その考えと矛盾する事実は？」，3つの言い回しのうち「かもしれないし，そうじゃないかもしれない」が機能しやすくなります。自己否定的な認知が浮かびやすい人でしたら，7つの問いのうち「この状況であなたが頑張っている点や良いことは？」，3つの言い回しのうち「にもかかわらず」が機能しやすいでしょう。自身のマイナス思考のパワーをそぎ落とすために「機能するセルフトーク」を見つけ，マイナス思考に気づくたびに自分に投げかける。そ

うして，新たなとらえ方を見つけ出すことができれば，ここで提案している認知療法的暮らしは，その人にとって習慣化されやすくなります。

## マインドフルネス編——今を存分に味わう力を育むことを目指す——

### 「今を存分に味わう」ことがなぜ豊かな人生に必要なのか

　不快な内的体験（思考，感情，記憶など）を避ける行動を，体験の回避といいました。『ワークブック』の《3》体験の回避編では，次のことを強調しました。

　「不快な内的体験を避けようとすると，逆にそれを引き寄せることになる」

　この理由を，本書の39，40頁では，皮肉過程理論とABAから説明しました。このことを読者に体験的に理解してもらうために，『ワークブック』の《6》マインドフルネス編のはじめに，「青いスパゲッティ」課題を試してもらいます。このほかに《3》体験の回避編のなかで「吊り橋」のメタファーを紹介しています。青いスパゲッティのワークも吊り橋のワークも，体験の回避は有効ではない（逆に不快な内的体験を強めてしまう）ことに読者が気づくことを狙っています。一方，不快な内的体験を避けるために行動レベルでなにかをしたところで，短期的にはその不快さを回避できたように見えても，長期的には不快な刺激に対する注意が増し，苦手意識も強まるため，活動が制限されて本人のQOLが下がってしまいます。

　不快な内的体験に注意が偏りすぎてしまい，そこから逃れるために用いた対処（体験の回避）がますます不快な内的体験を強めてしまう。イメージするとわかると思いますが，こうした体験によって本人はがんじがらめになってしまい，体

験の幅が狭まってしまうのです。つまり，その人の体験様式（自らを含む世の中への向き合い方）が，強硬で狭小化されてしまうのです。豊かな人生を志向するには，価値にかなった暮らしを送ることが求められます。しかし，このように本人の体験様式が偏ってしまうと，そのことが価値にかなった暮らしを送ることを阻んでしまいます。では，こうした不快な内的体験にどのように対応すればよいか。『ワークブック』では，「闘いの土俵から降りる」ことを提案しています。つまり，不快な内的体験を敵と見定めて闘おうとするのではなく，心を開いてありのまま受け止めるのです。不快な内的体験を鵜呑みにして必要以上にそれを大きくしたり，不快な内的体験を避けようとしてそれをことさら小さくしようと試みたりするのではない。ただ，等身大の体験として受け止める。ACTでは，このことをアクセプタンス（Hayes et al., 2012）と呼んでいます。そして，そのための具体的な方法として，『ワークブック』ではマインドフルネスを推奨しています。マインドフルネスは，今この瞬間に開かれる力を育てる営みでもあります。今この瞬間に開かれることによって，不快な内的体験をありのまま受け止めるのです。

　一方，価値にそった行動をしてみても，そのときの気持ちが他に逸れてしまっていては，価値にそった行動による十分な正の強化（好子出現による強化）を体験できません。たとえば，好きなお菓子を食べているときに，口の中ではまだお菓子を噛んでいるのに，手が菓子袋の中に入れられて次のお菓子をつまもうとしている。遠くにいる家族と久しぶりに電話で会話をしているときに，相手が喋っている間こちらは違うことを考えたり他の用事をしたりする。これらはいずれも，「心ここにあらず」で今ここでの体験を存分に味わえていない状態です。そして，今体験していることに伴う好子（その人にとって望ましい刺激のこと。この場合だと，価値に伴う

快刺激を表す）に十分にアクセスできていません。このようなことが，「価値にそった行動による十分な正の強化を体験できていない」ということです。ましてや，価値にそった行動をしているときに，気持ちが逸れた対象が不快な内的体験だとしたら，価値にそった行動はそうした不快な内的体験を避ける行動に変貌してしまいます。価値にそった行動とは，本来価値という好子にアクセスする好子出現による強化に基づく行動です。にもかかわらず，不快な内的体験に気が逸れてしまい，それを避けるために価値にそった行動が行われてしまったとしたら，その行動は本人に豊かさをもたらしません。《3》体験の回避編でも述べたように，同じ行動であっても，好子出現による強化ではなく，嫌子消失による強化で実践された場合，心が満たされにくくなるからです。したがって，価値にそった行動に伴う満足感や充実感にしっかりとアクセスできるよう，今を存分に味わう力を育むことが求められるのです。

### マインドフルネスの理解を深めるために

　マインドフルネスは，知的な理解が困難な営みです。なぜなら，マインドフルという心の状態は，人間の体験を概念化して理解する態度と距離を置いたものであるからです。食べ物の味を，それを食べたことがない人に説明する場合を想像してみてください。どんなに言葉を尽くしても，その食べ物の味をそのまま相手に理解してもらうことは不可能です。マインドフルネスもそれと同じで，どんなに説明を重ねても，それを聞いた人が納得をもって理解することはできません。自分でマインドフルな体験を重ねることによってしか，マインドフルネスの本当の理解にはいたらないのです。ですので，マインドフルネスの知的な理解をクライエントにもたらそうと，説明に躍起にならないようにしてください。それをすればす

るほど，マインドフルネスを十分に理解できないクライエントは，マインドフルネスに対する動機づけを下げてしまうことになります。『ワークブック』でも，マインドフルネスを説明しているくだりでは，マインドフルネスのイメージがはっきりしていなくても大丈夫だということを繰り返し保証しています。

　『ワークブック』では，マインドフルの心の状態とは何かを読者に伝えるために，マインドレスな心の状態についての説明と「机に触れる」ワークを紹介しています。マインドフルのような聞き慣れない概念は，対立概念を知ることでその本質に迫ることができます。マインドフルの反対はマインドレスであり，「心ここにあらず」の状態といえます。『ワークブック』では，マインドレスに暮らす日常のありふれた光景をいくつか紹介し，マインドレスの状態だと今を十分に味わえていないこと，嫌な考えが反芻するなどつらいときはマインドレスの状態が多いことを述べています。そのうえで，「今ここでの体験を，評価や判断を交えることなく，関心をもって注意を向けること」（Kabat-Zinn, 1994）というマインドフルネスの定義を紹介しています。マインドフルネスの訳は，気づき（mind）が行き渡った（ful）状態（ness）です。気づきを得るには，「注意を向ける」という営みを必要とします。そのため『ワークブック』では，先ほどのマインドフルネスの定義を，"注意を向ける"を軸として，"「今ここでの体験に」注意を向ける"，"「評価や判断を交えることなく」注意を向ける"，"「関心をもって」注意を向ける"の3つの視点から説明を加えています。

　そのうえで，『ワークブック』では「机に触れる」ワークを体験してもらいます。このワークによって，読者はマインドフルな心の状態とは，「誰にでもできること」であり，「頑張らなくてもよいこと」であり，「どのようなときにもできる」

という「すぐそこにある」心の状態であることに気づくのです。この「机に触れる」ワークで，マインドフルな体験が何かが，少しわかってきたところで，『ワークブック』ではマインドフルネスの狙いが「認知の働きを変える」ことであると述べています。『ワークブック』の「認知の働きを変える」の節をお読みいただくと，マインドフルネスがマイナス思考にどのように作用するかが理解できます。

　ここまでのところで，読者はマインドフルネスを日常生活に取り入れる理由を，だいぶ理解することができていると思います。そこで，『ワークブック』では「マインドフルのスイッチを押そう」という節を設け，あらためてこれまでの苦痛に対する向かい方から，ただその苦しみを「自分の人生にあるもの」としてあるがままに受け容れる態度としてのマインドフルな向かい方にシフトすることを提案しています。

　ここまできたら，いよいよ読者にはマインドフルネスのワークに取り組んでもらうことになります。そのまえに，『ワークブック』では「マインドフルネスを始めるための準備運動」の節を設け，次の3点について説明しています。

・マインドフルネスをするときの基本的な態度

　ここでは，マインドフルネスを行うときの態度について述べています。このなかでも触れていますが，ワークをしているとき，ワークから意識が逸れることが何度もあります。こうしたとき，「自分はマインドフルネスが上手にできない」と考えてマインドフルネスに対する動機づけを下げてしまうことがあります。私は，「ワーク中に意識が逸れているのに気づいたら，そうした自分を喜んであげてください。なぜなら，その瞬間今に戻ってきたからこそ，注意が逸れているのに気づけたのです」とリフレイムします。つまり，注意が逸れたことに気づいたその瞬間，その人はマインドフルな心の状態

になっているのです。マインドフルネスの最中に意識が逸れたときの対応は，そうやって普段から絶え間なく動き続けている心の動きをねぎらい，ゆっくりとマインドフルネスワークに戻るということを繰り返す。これに尽きます。意識が逸れたのに気づく度に，その心の動きをねぎらいワークにゆっくりと戻る。こうした営みこそ，マインドフルな営みであり，マインドフルのセンスを高めることになるのです。以上のことをクライエントに伝え，したがってマインドフルネスワーク中に意識が逸れても，それは決して失敗ではなく，それすらマインドフルのセンスを高める素材となることを強調してください。

・マインドフルネスを誤解しないでください

　ここでは，マインドフルネスを，苦悩を弱める手段として利用するのは誤りであること，マインドフルネスは何かをコントロールする手段ではないことを強調しています。市井では，集中力を高めるために，ストレスを解消するために，その他「○○を得るために」マインドフルネスを行うといった言説が飛び交っていますが，それはマインドフルネスの本義からすれば誤りです。最初から良いことがあると期待してマインドフルネスを行うのは，本来のマインドフルネスではないと理解することはとても重要です。マインドフルネスによって得られる効果については，結果としてそうしたことがあるが，あくまでもそれは結果としてであって，それを目指してマインドフルネスを行うわけではないことを，クライエントにしっかりと伝えてください。

・手ごたえのあるものから手ごたえのないものへ

　ここでは，マインドフルネスワークをどの順序で進めていけばよいかが述べられています。マインドフルネスワークは，

呼吸や身体感覚など手ごたえのある対象と、思考や感情などの内的体験といった手ごたえのない対象にわけることができます。マインドフルのセンスを高めるためには、最初は呼吸や身体感覚といった手ごたえのある対象から始めた方がうまくいきます。慣れてきたときを見計らって、思考や感情といった内的体験のマインドフルネスを行うようにしてください。

## マインドフルネスワーク

　『ワークブック』では、マインドフルネスを、「手ごたえのある感覚を用いたマインドフルネス」と「内的体験へのマインドフルネス」に分類して紹介しています。先ほども述べたように、クライエントにマインドフルのセンスを高めてもらうためには、まず「手ごたえのある感覚を用いたマインドフルネス」から始めて、それに慣れたころを見計らって「内的体験へのマインドフルネス」へと進むとよいでしょう。

　『ワークブック』では、手ごたえのある感覚を用いたマインドフルネスとして、"マインドフルネス呼吸法"と"ボディスキャン"を解説しています。クライエントの好みに応じて、どちらのワークを行っても構いません。進め方の詳細は、『ワークブック』を参照してください。ここでは、マインドフルネス呼吸法について、一点だけ解説を加えます。『ワークブック』では、呼吸から注意が逸れていることに気づいたら、ゆっくりと呼吸に戻ればよいと伝えています。しかし、このとき注意が逸れた対象にとらわれてしまい、うまく呼吸に戻れないこともあるようです。大谷（2014）によると、そうしたときはラベリングが有効であるといいます。呼吸から注意が逸れ、不快な考えや感情が何度も浮かぶようであれば、「考え、考え」、「感情、感情」と2度ラベリングして注意を呼吸に戻すようにすればよいようです。注意を呼吸にうまく戻せないクライエントがいれば、試してみるように伝えてください。

　一方，内的体験へのマインドフルネスについて，『ワークブック』ではまずあるエクササイズから始まります。このエクササイズは，近くにあるものを10秒程度眺めるという行為を3回程度続けたのちに，目を閉じて頭に浮かんでいることを眺めるという内容です。あなたがまだ試していなければ，まずはそれを試してみてください。

　このエクササイズによって，内的体験をマインドフルに観察するということがどういう営みなのかを，読者は少しでもリアルに感じることができます。マインドフルネスでは，内的体験についてあれこれ評価したり，鵜呑みにしたり避けたりすることなく，ありのまま観察するという態度が求められます。それをACTでは「観察する自己」（Hayes et al., 2012）を通して世界を体験するのだと説明しています。このエクササイズによって，読者は目に見えるものを観察したときに心が揺さぶられなかったのと同じように，同質の観察を内的体験に向けても同じことが起こるのがわかります。それによって，この先に控えている「内的体験へのマインドフルネス」がどういう体験なのかを少しでも理解し，内的体験へのマインドフルネスへの動機づけを高めていくことになるのです。

　さて，「内的体験へのマインドフルネス」として，『ワークブック』では“ナレーションワーク”と“雲のワーク”を解説しています。雲のワークは『ワークブック』のオリジナルワークです。似たようなワークに“葉っぱのワーク”があります。私が雲のワークを考案したのには，理由があります。マインドフルネスの目的の1つは，苦しみであれなんであれ，そうした体験をありのまま受け容れるこころの器を広げることにあります。雲のワークでは，雲にのった内的体験はそのままゆっくりと大空に昇ったのち，広い空に浮かんだままあり続けます。見上げれば，いつでもそこに不快な内的体験をのせた雲があるわけです。こうした雲のワークの特徴は，不

快な内的体験を鵜呑みにしたり避けようとしたりせず，ありのままを受け容れようとするマインドフルな心と合致します。また，葉っぱのワークは川の流れとその上を流れゆく葉っぱをイメージしたうえで，内的体験を動いている葉っぱにのせるというイメージ動作が求められます。これに苦手さを感じる人は，案外少なくないと思うのです。その点，雲のワークは目の前に制止した雲に内的体験をのせるというイメージ動作を行えば，あとはその内的体験をのせた雲がゆっくりと大空に舞い上がっていきます。そうした点で，雲のワークは内的体験のマインドフルネスとして，葉っぱのワークよりも実施しやすいと思います。以上の理由から，『ワークブック』では雲のワークを推奨しています。

　雲のワークは，"雲のワークの準備運動"，"雲のワーク（基本のワーク）"，"雲のワーク（応用のワーク）"の３つがありますが，ベースとなるのは"雲のワーク（基本のワーク）"です。その前の"雲のワークの準備運動"は，雲のワークを円滑に進めるために，雲がゆっくりと舞い上がっていくイメージを作り出すものです。『ワークブック』では，イメージがうまく浮かばない場合のトラブルシューティングを含め，詳細な進め方が述べられています。雲のワークを用いて内的体験へのマインドフルネスを行う際，いくつか注意点を述べておきたいと思います。頭に浮かんだ考えや記憶，感情などを無理に見つけ出そうとしなくて構いません。自然とわいてくる内的体験に気づいたら，それを雲にのせるようにすればよいのです。また，これは『ワークブック』でも述べていますが，内的体験を雲にのせる際，そっと大切に乗せるようにしてください。不快な内的体験をサッと乗せようとしたりぞんざいにのせようとしたりするのは，結局のところその不快な内的体験をありのまま観察するのではなく，それを早く手放したいという気持ちの表れに他なりません。そうした

としても，「不快な内的体験を避けようとしたら，逆にそれを引き寄せることになる」という法則が効いて，つらくなるだけです。マインドフルネスは，今ここでの体験をありのまま関心をもって観察することですから，「そっと大切に」というのせ方が理にかなっているのです。

## マインドフルネス的暮らしの取り入れ方

『ワークブック』《5》認知療法編と同じく《6》マインドフルネス編でも，マインドフルネス的暮らしを取り入れる工夫について述べています。マインドフルネスのエッセンスは，「注意を向ける」という軸を中心として，「今ここでの体験を」，「評価や判断を交えず」，「関心を持って」という視点から構成されていました。これらの構成要素を日々の生活に取り入れるとすれば，どのような態度で暮らすことが最適解となるでしょう。それはおそらく，「今を存分に味わう」ということと，「良い悪いの評価をすぐにしない」ということだろうと思います。マインドフルネス自体，「今を存分に味わう力」と言い換えることができますし，『ワークブック』でもマインドフルネスを「今を存分に味わう力」として説明しています。

ですので，日々の暮らしのなかで「今を存分に味わう」と「良い悪いの評価をすぐにしない」の2つを意識することで，マインドフルのセンスを無理せず育てることができるのです。マインドフルネス的暮らしのコツとしてこの2点に絞ったのは，これ以上の指標を採用すると結局のところ日々の暮らしを概念化して体験することになってしまうからです。それでは，マインドフルネス的暮らしとはいえません。マインドフルのセンスに通底するミニマムエッセンスを内面化することで，日々の暮らしを通してマインドフルのセンスを高めることを狙っているのです。

とはいえ，マインドフルネス的暮らしだけで生活すること

を,『ワークブック』では推奨していません。マインドレスに
なり,心ここにあらずで過ごしてしまうこと(仮にそれが苦
しい体験であっても)があってもよいと思います。マインド
フルか否かというのは,二項対立です。『ワークブック』で
心を砕いているのは,読者が二項対立に陥らず幅のある体験
ができるような成長を後押しすることです。マインドフルに
暮らすこともあれば,マインドレスに暮らすこともある。そ
んなふうに生き方の幅を広げ,より複雑になっていくことが,
人の成熟や在りようの自然ではないかと思うのです。このあ
たりの話は,本書の最後に改めて述べてみたいと思っていま
す。

　「今を存分に味わう」と「良い悪いの評価をすぐにしない」
を暮らしに取り入れることがどういうことかを,『ワークブッ
ク』で詳しく述べています。ここではそれぞれの暮らし方に
ついて,補足的な解説を加えます。


・今を存分に味わう
　「今を存分に味わう」という暮らし方をするときに使える力
は,五感です。今していることを,見る,聞く,触れる,味
わう,嗅ぐといった感覚を経由することで,今を存分に味わ
うことができます。とはいえ,そうした過ごし方をしている
ときに,別のことに意識が逸れてしまうことも当然起こり得
ます。そうしたときは,すでに述べたように心の動きをねぎ
らったうえで,今していることにゆっくりと戻るということ
を繰り返せばよいのです。

　このとき,意識が逸れた対象がマイナス思考だったとした
ら,「わたしの心配は気づいているからね」とか「わたしが気
になっていることは,ちゃんと理解しているからね」のよう
なセルフトークを優しくかけてあげたうえで,今しているこ
とにゆっくりと戻るというのも悪くないだろうと思います。

・良い悪いの評価をすぐにしない

　「良い悪いの評価をすぐにしない」というのは，換言すると「すぐに決めつけずに暮らしてみよう」という提案でもあります。そのための身近な具体例を，『ワークブック』では詳しく述べています。物事を「良い・悪い」で評価する基準は，自分の持っている価値観です。それ自体悪いわけではないのですが，そればかりだと自分の持っている価値観で世界を色づけしてしまうことになります。そうすると，その体験の価値を本当の意味で味わうことができない場合もあるでしょう。本当はとっても美味しいものかもしれないのに，「不味そう」と判断して食べずにいる。本当はとっても面白い作品かもしれないのに，「つまんなさそう」と判断して観ずにいる。そうやって，自分の価値観で世界の景色を「わかったつもり」に変えてしまう。こうした過ごし方は，マインドフルとはいえません。

　「良い・悪い」という評価の基準は，自分の持っている価値観に由来するばかりではありません。私たちは，世間で信憑されていることを，「価値があるもの」とつい捉えてしまうところがあります。そうなると，自分の体験を「良い」とか「悪い」と評価するのは，結局のところ自分の価値観というよりも，世間の信憑に流されてしまうことになります。近年，世間で信憑されていることは，おそらくは市場原理に伴う「より競争力が高くて，より効率的で，より生産的なものこそ価値がある」でしょう。私たちは，あらゆる体験をこうした基準を通して評価することはできません。にもかかわらず，世間で信憑されている「より競争力が高くて，より効率的で，より生産的か」という基準で体験の価値を測ろうとすると，世間の信憑にただ振り回されるだけの，とても窮屈な暮らしとなってしまいます。そこには，あとで述べる「自分の大切にしたい価値にかなった暮らし」はありません。

　「マインドフルネス的暮らし」のおわりに，この「今を存分に味わう」，「良い悪いの評価をすぐにしない」の2つを取り入れた実際の暮らし方の例を述べています。以上を参考にして，明日までにどんなことをマインドフルに楽しんでみるかを考える機会を設けています。「明日まで」としたのは，そうすることで具体的で達成できそうな課題を考えることができるからです。そして，それを実際に明日までに試してみることで，「マインドフルネス的暮らし」に足を踏み入れたことになります。そうすると，あとはその人のペースでマインドフルネス的暮らしを広げることができます。あなたも，ぜひ「自分だけのマインドフル的暮らし」を考えてみて，それを明日までに試してみてください。

（4）

# 価値にかなった暮らしの章

『ワークブック』の最後の章になります。『ワークブック』では，最初にこれまでをふり返るパートから始まります。実際の臨床場面でも，内容が大きく展開するたびに，クライエントの理解度を確認する意味でもこれまでをふりかえるとよいでしょう。そのうえで，『ワークブック』では「あなたはなにがしたいですか」と読者に問うています。ここまでの営みで，心の柔軟性を育んできましたので，なにをしても構わないわけです。では，「あなたはなにがしたいですか？　あなたが，自分の人生に対して『こうありたい』と願うことはなんですか？」と尋ねられると，読者はなにを思うか。それが，このあとに続く《8》価値にそった行動編のテーマとなるのです。

## 価値にそった行動編
### ──豊かさに向いた行動変容を支える──

### 豊かさを志向するための力としての "価値"

私たちが豊かな人生を志向するうえで，その道しるべとなるものが，「自分の大切にしたい価値」です。この "価値" の概念は，ACT 固有のものではなく，豊かな人生を送るためのキーワードとして，従来から多くの先哲が述べてきました。近年では，フランクル（1961）の述べた "意味への意志" や，

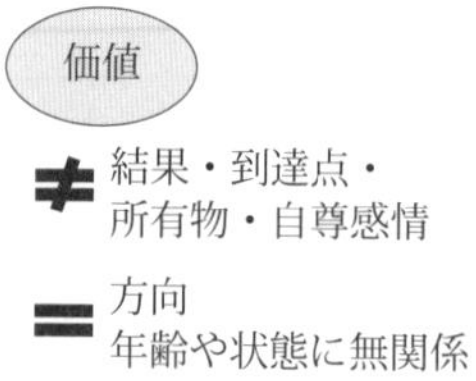

価値

$\neq$ 結果・到達点・所有物・自尊感情

$=$ 方向　年齢や状態に無関係

図6　価値が示すもの

神谷（1966）が述べた"生きがい"も，個人の大切にしたい価値と通底する概念だと理解することができます。とはいえ，人生の豊かさを裏付けるものとして，改めて価値とはなにかを具体化して世に問うた ACT の貢献は，とても大きかったと思います。

　価値とはなにかを考えるうえで，私は「自分が尊敬したり敬愛する人物（著名人や歴史上の人物など誰でも構いません）を思い浮かべ，なぜその人のことが好きなのかを考える」というワークをクライエントにしてもらいます。私たちがそうした人物を敬愛する理由。それは，その人の地位（到達点）や財産（所有物）や社会的成功（結果）に由来するのではないと思います。その人の生き方に，尊敬の念を覚えるのでしょう。そして，その"生き方"こそ，その人がなにを大切にしてきたかという，"価値"を表わしているのです。

　改めて，価値とは何かを述べてみます（図6）。価値は，先ほどの「尊敬する人を思い浮かべる試み」からもわかったように，結果や到達点や所有物を示しません。価値を「自分の価値」のような自尊感情として理解する人もいますが，ここでの価値とはそうした自尊感情を示すものでもありません。ちなみに，『ワークブック』では「自分の価値」という概念自体，そのときの自分の状態によって評価が変わる不安定なものなので，真に受ける必要はないことを述べています。同様に，他人から受ける評価（ある人の価値を他人が評価するこ

と）も，私たちは自分以外の人が抱える事情をすべて理解することができない以上，さらに真に受ける必要はないことを述べています。

ACTでは，価値とは"方向"（Hayes & Smith, 2005）であると説明しています。これは，価値とはなにかを指し示すうえで，とてもわかりやすい表現です。たとえば，「私は西に向かって進みたい」と思ったとします。この場合，どこにたどり着いても「西に到達した」といえません。何かを手にすることで，「西に至った」といえるわけでもない。西は，どんなに進んでも，目の前に延々と続いています。このたとえから，価値とは結果や到達点や所有物ではなく，方向を示すものだと理解することができます。

『ワークブック』では，価値とは"自分が大切にしたいこと"だと述べています。そして，それは"年齢や状態に無関係"であることを強調しています。世間で信憑されている幸せの条件が，豊かな人生を保証するものではない。人は誰であっても，どのような状態であっても，豊かな人生を志向できる。これは，『ワークブック』で貫かれているテーマです。価値は年齢や状態に無関係であることを読者に理解してもらうために，『ワークブック』ではりんさんとしおんさんのケースを紹介しています。この2事例によって，価値とはなにか，そして価値はなんらかの条件によって制限されるものではないことを，読者は理解することができます。

価値は，自分の大切にしたいことであり，方向を示す。だとすれば，その方向に向かっている限り，どのような結果になっても失敗ではない。むしろ，価値は私たち自身を守る力となる。価値にそっている限り人生を肯定できる。価値とは，そうしたものであることを，『ワークブック』の「価値にそっているかぎり失敗はない」の節で述べています。ここまでのところで，読者は「自分の大切にしたい価値を見つけてみよ

う」という気持ちが駆動することになるのです。

### 大切にしたい価値を見つける

　ここからは，読者はいよいよ「自分の大切にしたい価値」を見つける段階に進みます。そのまえに，『ワークブック』では価値に掲げるとつらくなる基準を３つ紹介しています。この３つをあなたが臨床場面でクライエントと分かち合う際，注意してほしいことがあります。それは，クライエントの見つけた価値を，「それはよくない」と頭ごなしに否定しないようにするということです。大切にしたい価値とは，その人が自らの人生で大切にしたいことです。したがって，「そんな価値はよくない」と他人が当事者に伝えるのは，その人の持ち場に踏み込み過ぎていることになります。『ワークブック』では，価値に掲げるとつらくなる３つの基準を述べる際，その前後で私は読者の持ち場に踏み込み過ぎないような言葉遣いに心を砕いていることに注意してお読みください。そうすると，こうした場面での言葉の運び方の一例を理解することができると思います。価値にかかげるとつらくなる基準は，以下の３つです。

・「他人から認められたい」のような価値

　さきほど，私は「持ち場」という言葉を使いました。私たちが，人間関係のトラブルや悩みに苦しむ理由は，「相手の持ち場」に踏み込み過ぎているのに由来することが圧倒的に多いのです。自分がしたことを相手がどのように評価するか，相手は自分のことをどう思っているか。こうしたことを気にしてしまうととことん疲れる。その理由は，これらは相手の持ち場の話であり，自分ではどうにもできないからです。したがって，「他人から認められたい」のような価値は，結局自分でその価値にそっているかいないかを判断することができ

ません。また，他人からの承認を価値とした場合，それを満たすための最適解となる行動は「八方美人」です。そのように自分を虚しくすることを人生の価値として据えると，私たちはつらくなる一方ではないでしょうか。

・「こうあるべき」のような価値

　「こうあるべき」という表現は，それを向けた対象に対して強いプレッシャーを与えてしまいます。また，私たちは「あるべき」が描く姿に，いつも近づくことができるわけではありません。そうすると，「こうあるべき」という価値を採用した段階で，そうあれない自分を見る機会を作ってしまうことになります。そして，「こうあるべき」という価値からそうあれない自分を見たとき，私たちは自己を否定的に捉えてしまうのです。そうすると，「こうあるべき」という価値は，そのうち「そうあれない自分」という自己否定的評価を避けるための行動を後押しするようになります。これは，「自己否定的評価」という嫌子を避けるという「嫌子消失による強化（負の強化）」に基づく行動です。価値とは，本来「好子出現による強化（正の強化）」に基づく行動を促す力となるものです。また，嫌子消失による強化に基づく行動に偏ると，幸福感や満足感は損なわれてしまいます。以上の理由により，「こうあるべき」という価値は，私たちをつらくするのです。

・「誰かを傷つける」ような価値

　ここでいう「誰か」とは，他人ばかりではなく自分も含まれます。意図して誰かを傷つける価値については，『ワークブック』では珍しく強い口調で否定しています。ただし，『ワークブック』でも述べていますが，「誰かの犠牲を強いる」ことと「誰かの協力を求める」ことは，まったく質が異なります。誰かの協力を求めることは問題ないどころか，人間の営

みの自然です。私たちが大切にしたい価値にかなった暮らしを送るには，誰かの協力を必要とする機会もあります。そして，その協力の程度は，私たちが何らかのハンディキャップを背負うことで増していきます。こうしたとき，人の助けを借りることになんら負い目を感じる必要はありません。その理由として，『ワークブック』では"支えを必要とする弱者とは，時間軸の異なる自分である"という考えを通して論を展開しています。『ワークブック』でも述べている通り，支えを要する人は，今の自分かもしれませんし，かつての自分かもしれませんし，いつか訪れる自分かもしれない。そうすると，支えを要する人を支えるという行為は，かつての自分やいつかの自分を支えるという行為に他ならないのです。だからこそ，私たちはハンディキャップを背負っても，人の助けを借りることに負い目を感じる必要はないのだと，私は考えます。どのような状態でも，人は大切にされ，価値にそった人生を志向できる。助力を求める人を支える行為を通して自分を支える先にある世界の風景は，そこにこそあります。

　以上を踏まえて，『ワークブック』では読者に自分の大切にしたい価値を見つける時間を設けています。

「あなたが大切にしたい価値はなんですか？」
「あなたが，人生についてこうありたいと願うことはなんですか？」

　この問いに，しっかりと時間をとって考えてもらいます。価値が浮かんでこない場合，『ワークブック』では「自分」「家庭」「仕事」「地域」「人類」「地球」を手がかりとして，いずれかで「こうありたい」と思うことはなにかを考えてもらっています。そこで見つかった価値を，自分で「大切だ」と思

えるのであれば，それで十分です。価値とは，誰かの期待に応えるために生み出すものではありません。ただ，クライエントによっては，価値という言葉から，なにかたいそうなものを考えなければならないと勢い込み過ぎた結果，ほんとうなら自分の大切にしたい価値があるのに，「これは違う」と判断して表面化されないこともあります。『ワークブック』でも述べていますが，その価値に自分が意味を感じることができれば，それが大きいだの小さいだの関係ないことを，価値が見つからないクライエントに伝えるようにしてみてください。そのうえで，身近な価値を例としていくつか挙げると，そうした「たいそうなものを価値としなければならない」という誤解は解け，その人本来の価値が見つかりやすくなります。私自身，かつてこうしたクライエントがいましたが，以上のことを伝えると「それならあります。自分は，『楽しいことをしたい』ということが，大切にしたい価値だと思う」と，自らの価値に気づくことができました。もし，支援者であるあなたが目の前にいることで，クライエントの黙想が進まないようでしたら，自分の心と静かに向き合って価値を見つけるという課題を，次回までのホームワークとしてもよいでしょう。

　あなた自身も，この機会にご自分の大切にしたい価値を考えてみてください。

　さて，『ワークブック』ではこの機会でうまく価値を見つけられなかった読者に対して，「価値は人生の岐路で新たに生まれる」という節を設けてメッセージを伝えています。まず，価値が見つからなかったとしても大丈夫だと保証しています。なぜなら，価値とはある時点で見つけたものを生涯抱えるばかりではなく，死を迎えるそのときまで新たに生み出されるものだからです。そのうえで，価値を生み出すために大切なこととして，「価値を見つけようと躍起にならなくて大丈夫」と「自らの体験を『良い悪い』でただちに評価せず暮

らしてみる」という2点を伝えています。本書69頁でも述べましたが，私たちは「良い悪い」という評価を世間の信憑に基づいてしてしまうことがよくあります。そうすると，本当に自分が大切にしたい価値に触れることが難しくなります。大切にしたい価値がそのうち見つかるのを楽しみにしながら，今体験していることをそうした価値基準で判断するのではく，マインドフルに体験する。そうしたことを，クライエントに伝えていただけたらと思います。加えて，『ワークブック』では大切にしたい価値が，人生の岐路で見つかることが多いことを述べています。

### 大切にしたい価値にそって行動する

　豊かな人生とはなにか。それは，自分の大切にしたい価値をコンパスとして，日々価値にかなった暮らしを送ることです。豊かな人生を送るための行動の指針となるものこそ，自分が大切にしたい価値なのです。

　行動が持続する事由は，「好子出現による強化（正の強化）」と「弱化消失による強化（負の強化）」がありました。『ワークブック』では，前者を「好きなことに向かうために行動する」と，後者を「嫌なことを避けるために行動する」と表しています。このうち，価値にそった行動は，正の強化，すなわち好きなことに向かうために行動するというパターンです。この場合，「好きなこと」を「大切にしたい価値」に置き換えればよいので，このことについての読者の理解はさほど難しくはないと思います。行動を通して大切にしたい価値に向かうことによって，私たちのこころは満たされるのです。

　この段階では，クライエントには価値にそった行動を実践してもらうことになります。そのまえに，価値にそった行動のいくつかを，面接場面で具体的に挙げてもらうとよいでしょう。もし，その段階で行動が挙がらない場合，『ワークブッ

ク』で述べている4つの基準を通して価値にそった行動を考えてもらうようにしてください。4つの基準とは，「具体的か」，「実行できそうか」，「さっそく今日からできるか」そして「価値の方向に向かわせるか」です。

『ワークブック』では「自分をいたわってあげたい」という価値にそった行動を挙げてみるというワークを紹介しています。支援者のあなたとクライエントとの間で，交互にこの価値にそった行動を出し合ってウォーミングアップしてから，自分の大切にしたい価値にそった行動を考えてもらってもよいでしょう。

私たちは，不快な内的体験に対して，「体験の回避」を用いて対処するというヒストリーを長く送ってきました。そしてそれは，体験の回避とはいえ，「特定の方向に基礎づけられた行動を続ける力」が自分にはあるということを示しています。その力を，大切な価値にそった行動に向ければよい。そうしたリフレイムを，『ワークブック』の「価値にそった行動を存分に味わおう」では述べています。とはいえ，価値にそった行動をどのような態度で味わうかによって，豊かさは左右されます。『ワークブック』では，価値にそった行動をマインドレスに行っている例をいくつか紹介しています。価値にそった行動とはいえ，心ここにあらずで過ごすと，価値に存分にアクセスすることはできません。価値にそった行動を，マインドフルに味わう。そうすることで，価値にかなった暮らしに伴う人生の豊かさは深まるのです。とはいえ，価値にそってなにかをしているときに，それから気持ちが逸れることもあります。それを良い悪いと評価することなく，逸れたことに気づいたらまた元の行動に気持ちを戻す。マインドフルネスを行うときの態度を，ここでも用いればよいのです。

《8》価値にそった行動編の最後に，「豊かな人生とは」という節を設け，大切にしたい価値にそってあゆみを進めてい

く読者に向けてメッセージを伝えています。こちらに書かれていることを，クライエントと共有してくださると嬉しいです。このなかでは，このさき価値にそえないときもあることを，マイナス思考にからめとられてしまうことがあることを，そうした苦しみから逃れようともがくこともあるだろうと述べています。つまり，価値にアクセスできず，認知的紐づけに縛られ，体験の回避によって苦悩を深めるという，これまで述べてきた生きづらさに通じる在りようです。そうしたことがあってもよいと，私は考えます。大切なことは，これまでのような苦悩があっても，価値にかなった暮らしを志向することです。そうやって，生き方にバランスを取り戻すことこそ，柔軟さでありしなやかさだと思うのです。私が，『ワークブック』のなかで繰り返し強調してきた「二項対立から降りる」というメッセージが，ここにも示されているわけです。もうおわかりいただけたのではないでしょうか。二項対立から降りることによって，私たちの営みを失敗として切り捨てる態度から距離を置けるということが。

　価値にかなった暮らしが豊かさにつながるとわかっていても，そのために心の柔軟性を養おうとしていても，私たちはこれまでのように苦しむことも多々あるでしょう。人の在りようは，そんなに簡単に変わるものではありません。人としての自然である弱さを抱えながら，自分の人生というキャンバスの上を大切な価値に向かって歩んでいく。初めは誰もがたどたどしいものです。支援者であるあなたには，クライエントが生きづらさを抱えたこれまでの人生から，自分のあゆみによって，たどたどしいながらも価値にそって暮らしてゆこうとするその態度を，勇気づけてあげてほしいのです。同じ弱さを抱えながら，自らも豊かな人生を志向して歩もうとする同志として。

## 潜在的価値抽出法編
### ──マイナス思考に潜在する価値を見出す──

### マイナス思考と「折り合う」という認知への対応

　CBTでは，認知に対するアプローチとして，本書で取り上げた認知療法を中心とする「認知の内容を変える」という立場と，マインドフルネスを中心とする「認知の機能を変える」という立場に二分することができると思います。前者はマイナス思考と異なる可能性について目を向ける営みであり，後者はマイナス思考と距離を置く営みだといえます。臨床家の間では，認知療法は古くてマインドフルネス（とそれを援用したACTを始めとするアプローチ）が新しいという印象を抱く人が少なくないような気がします。そもそも，認知療法を第二世代とラベリングして，マインドフルネスやACTなど認知の機能を変える立場を第三世代とか新世代のように表現すると，臨床家の間でそういうとらえ方になってしまうのも仕方がないと思います。

　とはいえ，本書でも述べたように，認知療法とマインドフルネスでは，効いているところがそもそも違います。「行先はローマ。そこにたどり着くには，A社の飛行機よりもB社の飛行機が速く着きます」ということだと，特に飛行機から眺める景色がさほど変わらない以上，ほとんどの人がB社の飛行機を選択するのはわかります。しかし，「A社の飛行機はローマに向かいます。B社の列車は京都に向かいます。このうち，どちらの会社が目的地にたどり着くうえで優れているでしょう」と尋ねられても，そもそも行先も手段も違うので比べようがありません。認知療法とマインドフルネスの比較も，それと同じように私には思えるのです。

　いずれにせよ，双方の立場はマイナス思考それ自体に深く

関わろうとするものではありません。それに対して，潜在的価値抽出法は，マイナス思考との積極的な関与を求めるアプローチとなります。潜在的価値抽出法の要諦は,「マイナス思考には，当事者の大切にしたい価値が潜んでいる。したがって，マイナス思考を"個人が大切にしたい価値"が潜在するものとして貴重に扱う」ということです。3つの立場の違いをたとえて言うなら，次のような感じでしょうか。

　同居人がこちらからすると不適切に聞こえる発言を声高に訴える。こちらは，同居人の訴えを聞いて，その不合理さを指摘して同居人に自らの訴えが妥当でないことに気づいてもらう。そのうえで,同居人は不適切な訴えと変わる表現ができるようになり，同居人との暮らしが平穏になる。これが，認知療法など CBT 第二世代と呼ばれる立場に基づく認知への対応です。

　同居人がこちらからすると不適切に聞こえる発言を声高に訴える。こちらは，同居人の発言を否定も肯定もせず「同居人の発する言葉の連なった音」としてオープンに受け止め,自分が大切だと思うことをする。すると，そのうち同居人の発言は気にならなくなり，同居人との暮らしが平穏になる。これが，マインドフルネスや ACT など CBT 第三世代と呼ばれる立場に基づく認知への対応です。

　同居人がこちらからすると不適切に聞こえる発言を声高に訴える。こちらは，同居人の訴えには，一緒に暮らしていくうえで大切なことが潜んでいるかもしれないと考え，同居人の訴えにじっくりと耳を傾ける。それによって，同居人がこちらと同居するうえで大切にしたいことを理解し，それもくみ取り暮らすことで，同居人との暮らしが平穏になる。これが，潜在的価値抽出法に基づく認知への対応です。

　この同居人のたとえからみえてくる，潜在的価値抽出法の特長。それは,「マイナス思考と折り合いをつけて暮らす」と

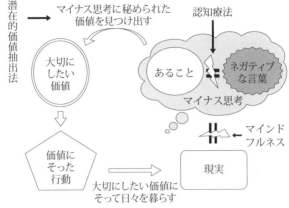

潜在的価値抽出法

マイナス思考に秘められた価値を見つけ出す

認知療法

大切にしたい価値

あること

ネガティブな言葉

マイナス思考

価値にそった行動

大切にしたい価値にそって日々を暮らす

現実

マインドフルネス

図7　選択的価値抽出法と他のアプローチの違い

いう態度を，その人の人格的成長の一側面として内面化しようとすることだといえます。認知療法などの第二世代 CBT は，「認知の内容を変える」を旨とします。マインドフルネスや ACT などの第三世代 CBT は，「認知の機能を変える」を旨とします。どちらも「変容」をベースとしているのです。これは，いずれのアプローチも欧米から伝わったことを考えると，極めて納得のできるスタンスです。近代科学は，デカルトの心身二元論の影響によって発展したといわれています。精神と身体を異質なものとして分けて理解するというとらえ方は，異物を混在させるよりも，それらを分けて事象の純粋性を守ろうとする歴史的経緯をたどった欧米の人々にとってなじみのある考えであることは想像に難くありません。したがって，認知に何らかの不合理性が伴う場合，その属性のいずれかを変容することで認知から異質性を抜き取るという立場が西洋から起こったのには，一定の合理性があります。

　それに対して，潜在的価値抽出法では認知の何かを変えるというスタンスを採用しません。認知と折り合いをつけると

いう立場に拠ります（図7）。マイナス思考はそのままにしておく。ここまでは，CBT 第三世代と一見変わりません。しかし，そこからのアプローチが大きく異なります。マイナス思考には，きっとその人が大切にしたい価値が潜在しているはずである。その人がマイナス思考を強く鵜呑みにし，激しく感情が揺さぶられるとすれば，そのマイナス思考にはそれだけその人が大切にしたい価値が込められている。だからこそ，「その人が自らの人生をいつくしむために，豊かにするために大切な情報が潜在しているもの」として，マイナス思考を大切に扱おうとするのが，潜在的価値抽出法の骨法です。マイナス思考を「妥当や有効ではない」とか「単なる言葉の産物に過ぎない」のように，自らにとって異質なものとして何らかの距離を取ろうとするこれまでのアプローチと立場がまったく異なります。

### 日本人に親和的な"習合"とこころの調和

　私たちは，どうでもいいことで悩みません。深く考えて思い悩むほど，その考えは当事者にとって重要なテーマにかかわっているといえます。そうしたとき，認知の妥当性や有効性といった視座からマイナス思考と向き合い，思考の内容を変えたり思考と距離を置いたりしようとする。もちろん，そうしたアプローチが奏功するケースも多々あります。けれども，場合によってはそれが自身にとって重要なテーマから引き離される体験となってしまうこともあるのではないでしょうか。

　ある人が，「自分はこの人を伴侶として人生を送りたい」と考える。すると周りの人間が，「本当にあんな人があなたの伴侶としてふさわしいの？　実はもっとあなたに適した人がいるのではないの？　もう一度考え直してみたら」と詰め寄ったり，「『ただそう思っただけ』としてその考えと距離を置い

て，あなたが大切に思うことをしてみようよ」と提案したり
する。このとき，その人は周りの意見を「確かにそうだ」と
納得することはできないでしょう。きっと，「うるさい。ほっ
といてくれ」と抵抗すると思うのです。認知に対応する際に
みられるさまざまな困難や中断は，自らにとって大切なテー
マを守ろうとするクライエントの抵抗とみることもできるの
ではないでしょうか。

　当事者にとって重要なテーマがマイナス思考に存するので
あれば，内容にせよ機能にせよ，その思考を変容しようとす
る試みは，当事者にとって自らの実存に対して背馳すること
になります。だとすれば，そのいずれのアプローチでもうま
くいかない場合，マイナス思考のなにかを変えるのではなく，
マイナス思考と折り合うという視点から自らにとって重要な
テーマに接近することが求められるのではないかと思うので
す。

　豊かに暮らすために「マイナス思考と折り合いをつける」
という潜在的価値抽出法による認知のとらえ方は，私たち日
本人にとって実はかなりなじみやすいのではないかと考えて
います。内田（2020）は，異質なものとの共生を可能にする
習合こそ，日本文化の特徴であると述べています。ここでの
習合とは，「折り合いをつける力」と理解することができます。
内田は，次のようにも述べています。

　　僕がこの本で主張したいのは，習合は社会集団が寛容で，か
　つ効率的であるためによくできたシステムではないかという仮
　説です。特に日本列島住民は古代から異物と共生することでこ
　れまで「うまくやってきた」んですから。だったら，これから
　もその伝統を守ってゆけばいいじゃないですか。「あちらが立て
　ばこちらが立たず」というときに「そこを枉げて，あちらもこ
　ちらも立てる」ということです。両立しがたいもの両方の顔を
　立てる。それについての技術知とでもいうべきものを日本列島

住民は長い歴史をかけて獲得してきたはずです。そうじゃなければ「雑種文化」なんか成立するはずがない。僕はそう思います。(内田樹『日本習合論』ミシマ社，2020年，67頁)

　マイナス思考という多くの人にとって「自らを苦しめる存在としての異物」を，その内容や機能を変えることによって解消する。そうしたことよりも，マイナス思考のなかに折り合える点を見つけてそれと共生することが，日本人のこころの調和に作用する場合もあるのではないでしょうか。そのためには，「あちら（マイナス思考）もこちら（主体としての自己）も立てる」という，私たちが歴史的文脈のなかで連綿と続けてきた営みが理にかなっているように思うのです。そして，そのための最適な方法こそ，マイナス思考に潜在している価値を見出し，それを暮らしに反映して人生を豊かにするという視点ではないか。私はそう考えています。

　それに関連して，すでに本書でも繰り返し述べていますが，『ワークブック』では二項対立に陥らないように配慮しながら論を展開しています。マイナス思考にうまく対応することもあれば，マイナス思考にからめとられるときもある。マインドフルに暮らすこともあれば，マインドレスに暮らすこともある。価値にそえるときもあれば，価値にそえないときもある。それでよいと，『ワークブック』では何度も保証しています。こうした在りようは，先ほどの内田の引用からもわかるように，「そこを枉げて，あちらもこちらも立てる」という態度に他なりません。二項対立に陥らずいろんなものを抱える幅を広げようとする営みは，そうした意味で私たち日本人にとってこころの調和をもたらす暮らし方となるのではないでしょうか。加えて，二項対立に陥らず自らの体験に幅をもたらそうとした『ワークブック』におけるこれまでの展開は，マイナス思考と折り合いをつけ，そのなかに自らの大切にし

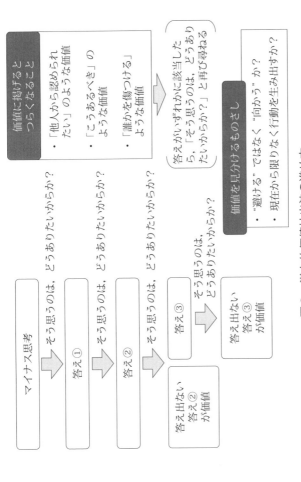

図8　潜在的価値抽出法の進め方

たい価値を見出すための選択的価値抽出法が機能する文脈を作る布石にもなっているのです。

## 潜在的価値抽出法の進め方

　ここからは，潜在的価値抽出法の具体的な展開について述べてみたいと思います。潜在的価値抽出法の進め方を図示したものが，図8になります。潜在的価値抽出法の前提は，「マイナス思考には，その人の大切にしたい価値が潜在している」ということです。したがって，マイナス思考に対する扱い方は，認知の内容を変える認知療法や認知の機能を変えるマインドフルネスのように，なにかを断ち切るというスタンスを取りません。そうではなく，マイナス思考を，個人の大切にしたい価値が潜在するものとして大切に扱うところに，特長があります。

　潜在的価値抽出法を臨床場面で実践するための前提条件は，『ワークブック』で述べている通り2つあります。1つは，「クライエントが，自らのマイナス思考に気づくことができる」ということです。マイナス思考に潜在する価値を見つけるのが，このアプローチの骨法なのですからこれは当然といえば当然です。そしてもう1つが，「クライエントが，『大切にしたい価値』とはなにかを理解している」ということです。貝とはどのようなものかを理解していなければ，潮干狩りをして砂浜を手あたり次第掘り返しても，その人は一向に貝を見つけることはできないでしょう。それと同じで，価値がなにかを理解していなければ，マイナス思考に潜む価値を見つけることはできません。以上2つの条件をクリアしていれば，潜在的価値抽出法を用いることができます。

　潜在的価値抽出法の最初の営みは，とてもシンプルです。マイナス思考に気づいたら，次の問いを通して自問します。

　「そう思うのは，どうありたいからか？」

表1　自問よる回答を価値と判断する基準

| ネガティブリスト（価値としてはならない） | ポジティブリスト（価値としてよい） |
| --- | --- |
| ・「他人から認められたい」のような価値ではないか？ | ・"避ける"ではなく"向かう"か？ |
| ・「こうあるべき」のような価値ではないか？ | ・現在から限りなく行動を生み出すか？ |
| ・「誰かを傷つける」ような価値ではないか？ | |

　この問いのポイントは，『ワークブック』でも述べている通り，「どうありたいか」と尋ねるところです。もし，"そう思うのは，どうしたいからか？"と，Do モードで尋ねてしまうと，それは価値とはなりません。なぜなら，価値とはそれを有する当事者に限りなく行動を生み出す指針となるものだからです。なのでそれは，Do モードではなく，Be モードである必要があるのです。価値とは「方向」を示すのでしたね。方向とは，行為ではありません。なにをすればよいか，どこに向かえばよいかという指針を示すものが"方向"です。価値もそれと同質のものです。したがって，マイナス思考に潜む価値を見つける際の問いは，「そう思うのは，どうありたいからか？」でなければならないのです。

　とはいえ，この問いへの答えが，価値にたどり着いていない場合もあります。ですので，挙がった回答に対して「そう思うのは，どうありたいからか？」と自問し，もうこれ以上回答が挙がらなくなった場合，その回答が当事者の大切にしたい価値である可能性が高いといえます。

　自問して挙がった回答が，当事者の大切にしたい価値か否かを判断する基準があります。その基準を，ネガティブリストとポジティブリストにわけて説明したいと思います（表

１）。まず，ネガティブリストは「それを価値としてはいけない」基準になります。これは，本書74，75頁で述べた価値にかかげるとつらくなる３つの基準のことです。問いに対する回答が，ネガティブリストの３つのうちのいずれかに該当すると，それは価値としては不適切です。その場合は，その回答に対して「そう思うのは，どうありたいからか？」と自問します。

　一方，挙がった回答が当事者の大切にしたい価値か否かを見分ける方法として，『ワークブック』では２つの基準を設けています。これは，価値としてよい“ポジティブリスト”にあたります。ポジティブリストの２つとは，「“避ける”ではなく“向かう”か？」と「現在から限りなく行動を生み出すか？」です。

・“避ける”ではなく“向かう”か？

　価値は，「嫌子消失による強化（負の強化）」ではなく，「好子出現による強化（正の強化）」に基づく行動を生み出すもととなるものでした。前者は「嫌なことを避ける」，後者は「好きなことに向かう」と『ワークブック』では表現しています。したがって，問いに対する回答が「避けるか向かうか」によって，価値か否かを判断することができます。

　「避ける」というのは，閉鎖的行動を促します。なぜなら，嫌なことを避けるという行動は，突き詰めるともっとも安全な場に留まるということ，決してその場から動かないということが最適解となるからです。ここからもわかるように，「避ける」という動機に由来する行動は，閉鎖的システムを駆動するため，可動域の狭さや選択肢の乏しさが促され，私たちをますます不自由にしてしまいます。一方，「向かう」というのは開放的行動を促します。なぜなら，好きなことに向かうという行動は，対象に積極的にかかわろうとする開かれた心

の状態を経由することになるからです。「向かう」という動機に由来する行動は，開放的システムを駆動するため，可動域が広がり選択肢も増え，私たちを伸び伸びと自由にしてくれるのです。「向かう」というスタンスをとる価値は，開放的システムを駆動するため，価値に向いた多様な行動を促し，そのための私たちの体験の可動域を広げてくれるのです。

　以上のことから，問いに対する回答が「何かを避けるため」だと判断されると，それは価値とはなりません。その場合，さらにその回答に対して問いを投げかけて自問を行うことになります。一方，回答が「何かに向かうため」ということだと，当事者が大切にしたい価値の可能性が高くなります。「可能性が高くなります」と断定して述べていないのは，ポジティブリストはこれだけではないからです。このあとの項目も踏まえて判断するようにしてください。

　ちなみに，『ワークブック』ではさくらさんの事例を通して，この基準について詳しく述べています。


・現在から限りなく行動を生み出すか？

　先ほど，私は「価値とは開放的システムを駆動する」と述べました。方向と同質である価値は，体験の可動域を広げ，選択肢を増やしてくれます。したがって，価値は，それにそった行動をいくらでも生み出すもととなります。そして，その行動は将来ではなく，たった今からできる行動を生み出すのです。

　以上のことから，「そう思うのは，どうありたいからか？」の問いに対して挙がった回答が，現在から限りなく行動を生み出さないようであれば，それは価値と判断することはできません。限りなく行動を生み出さない回答とは，一度だけで終わってしまったり，数少ない行動で完結してしまったりするような答えです。『ワークブック』では，「死にたい」とい

う回答を例に挙げ，それが価値とならない理由を述べています。加えて，そうした回答が挙がった読者に対して，価値にアクセスすることと，専門家の助力を受けるよう推奨することなどのメッセージを述べています。

　ここで挙げた 2 つのポジティブリストを満たし，3 つのネガティブリストに触れない回答は，その人にとって大切にしたい価値だと判断することができます。以上に則って，『ワークブック』では潜在的価値抽出法を用いて価値を見出した 3 事例を紹介しています。とはいえ，2 つのポジティブリストを満たし，3 つのネガティブリストに触れていないのに，挙がった回答がその人の大切にしたい価値ではなかったというケースもあると思います。私も，そうした事例を経験したことがあります。ある難病が見つかり，その病気に由来するマイナス思考によって憂うつな気分に苦しんでいた人がいました。この人のマイナス思考から潜在的価値抽出法によって価値を見出したところ，「健康でいたい」という回答が見つかりました。これは，2 つのポジティブリストを満たし，3 つのネガティブリストに触れていないので，「価値」だと判断し，難病を抱えながらも健康を志向するための行動をつむぐためにできることを広げていきました。ところが，この人の憂うつな気分はそれによって晴れることがありませんでした。そこで，「健康でいたい」という回答に，「そう思うのは，どうありたいからか？」の問いを投げかけてみました。すると，「自分を大切にしたい」という回答が浮かびました。そこで，この人は自分を大切にするためにできることを，日々の暮らしのなかで行うようになりました。その結果，これまでのように憂うつな気分に陥る機会が減ったのです。この事例は，一見すると価値に見える回答の奥に，その人が本当に大切にしたい価値が潜在していることがあることを教えてくれていま

す。ですので，クライエントとのやりとりを丁寧に進め，価値にそった行動によって彼らがなにを体験するかを注意深く観察することを，私たちは怠ってはならないのです。

　現時点でわかっている潜在的価値抽出法については，これでお伝えしきれたかと思います。潜在的価値抽出法は，あなたもご存知のようにまだ「生まれたて」です。これからどのような成長を遂げるかわかりません。どうか，日常の臨床で試していただけると嬉しいです。そうした営みが，あなたの普段の臨床に幅をもたせることを，そして豊かな人生を志向するクライエントの支援に役立てられることを，心より願っています。

　『ワークブック』の最後に，おわりの章として，私から読者にメッセージを伝えています。ここでは，価値にそって行動することがつねに順風満帆な人生を保証してくれるものではないこと，人生にはつらいことが誰の身にも起こり得ること，どのような境遇だったとしても，大切にしたい価値にそって行動している限り，自らの人生は本当に大切にしたい方向に向かって進んでいることなどが述べられています。そのうえで，支えを必要とする人は誰にとってもかつての自分でありいつかの自分であること，それゆえに誰かの支えを要する状態となったときに負い目を感じず助力を求めてよいこと，だからこそ「支えが必要な人がいれば，できる範囲でチカラを届けよう」という価値を共有できると，自分自身の豊かさを超えて社会全体が豊かになることが述べられています。そして，最後にセルフ・コンパッションを行って終了となります。
　以上が，『ワークブック』を用いて「豊かな人生を志向する」ことを支援するために，支援者のあなたにお伝えしたいことです。『ワークブック』での体験をクライエントに十分に

味わっていただくために，あなた自身も『ワークブック』を
通した体験を深めてみてください。

# あとがき

本書は，以上でおしまいです。最後までお読みいただき，ありがとうございました。

あとがきとして，この本を読んでくださった同志であるあなたに，お礼と少しばかりのメッセージを伝えておわりとしたいと思います。

私がまだ学生のころ，臨床心理学の学びを深めていくなかで抱いた関心の１つに，次のようなことがありました。

どうして，海外の理論が至上のものとして，国内の臨床心理学界に広がっていくのだろう。

そのことが良いとか悪いというわけではなく，ただ純粋になぜなんだろうという関心として，私の心を離さなかったのです。臨床心理学とは何か，今以上にわかっていなかった当時の若者の戯言と温かく見てくださいね。でも，当時の私には，このことが本当に不思議だった。

人の心は，その人の育った環境によって変わってくる。だとしたら，文化的背景や用いる母語が異なると，世界の体験の仕方は違ってくるはず。なのに，海外で生まれた諸理論を国内に住む同胞に適用すると，その理論に私たち日本人を規格化させることになって，窮屈さが強いられてしまうのではないか。臨床心理学が，人の適応を支える学問だとすれば，海外から取り入れた理論をそのまま日本人に当てはめて，心の不調をきたした同胞の適応を支えることができるのだろうか。そんなことを，当時の私はもやもやしながら考えていま

した。それから月日は流れ，今では臨床心理学を大学で教えたり，研究したり，臨床に携わったりと，臨床心理学を生業として日々暮らすようになりました。

　海外から国内に取り入れられた理論の1つに，認知行動療法があります。専門家の方でしたら，認知行動療法がこれまでさまざまな変遷を経て今日に至ることをよくご存じではないでしょうか。『ワークブック』でも，第一世代といわれる応用行動分析（Applied Behavior Analysis；ABA），第二世代といわれる認知療法，第三世代といわれるマインドフルネスや Acceptance and Commitment Therapy（ACT）を援用しているのに，気づいていただいたと思います。

　このうち，認知療法をあまり好ましく思っていない支援者が，認知行動療法の実践者の中に一定数いらっしゃるようです。私は当初，支援者の中で認知療法を好ましく思わない人がいるのは，認知療法がそれを扱う者に求める高度なコミュニケーションスキルに由来するのではないかと考えていました。習得するのに，とにかくかなりのトレーニングを要する。それが，一部の支援者にはとっつきにくく感じられるのではないか。そんなふうに思っていたのです。

　でも，認知療法を用いて臨床を行う人の話をいろいろと聴く機会に恵まれるにつれ，一部の人にとって認知療法が敬遠される理由はそこではないのかもしれないと思い始めました。

　認知療法では，認知の内容を変えることに主眼が置かれるので，必然的に問題となる認知（変えたほうがよい考え）と適応的な認知（目指したい合理的な考え）という二項対立を前提とせざるを得ないところがあります。このあたりは，個人主義に基づく人格的成長の機会が保証された欧米人にとって，さほど違和感のある体験とならないように思います。

　けれども，私たち日本人にとって，そうした二項対立的立場に由来したアプローチは，体験として根付きにくいのでは

ないか。マインドフルネスや ACT などの第三世代と呼ばれる認知行動療法に深く傾倒した支援者はそう思ったのではないだろうか。そんなふうに私は考えたのです。マインドフルネス自体，ブッダの教えを理論的背景としているので，私たち日本人の心に響きやすかったということもあったのだろうと思います。

　これまで，主に認知行動療法を技法的中心に据えて臨床を行ってきた私の立場で言えば，認知療法もマインドフルネスも，どちらも効くと思います。そもそも，認知療法とマインドフルネスでは，効いているところが違う。

　本書で示した図をもう一度引っ張り出してみます。この図5（47頁）は，私がクライエントに認知行動療法を説明する際に思いついたものです。この図を通して考えると，認知療法とマインドフルネスが，それぞれどこを狙いとしているのかが一目瞭然となります。

　「あること」にネガティブな言葉を紐づけたものが，マイナス思考でした。認知療法は，その「あること」には，それ以外のとらえ方があることをクライエントに理解してもらい，あることとネガティブな言葉の紐づけを緩め，さまざまなとらえ方ができる力を育てていきます。認知の内容を変えるというのは，そういうことです。これは，図でいうところの「あること」と「ネガティブな言葉」を断ち切る営みです。

　では，マインドフルネスはどこに効いているか。マインドフルネスは，認知の機能を変える営みです。マイナス思考を通して現実を眺めるからつらくなる。ならば，マイナス思考それ自体を眺めれば，頭の中で生まれた言葉の産物に過ぎないマイナス思考から，人を苦しめる毒性は抜き取られる。そうなると，認知それ自体にその人をつらくする働き（機能）がなくなります。認知の機能を変えるとは，こういうことをいうのです。これは，図でいうところの「マイナス思考」と

「現実」を断ち切る営みです。

効いているところが違うというのはどういうことか，この図を通して考えるとわかりやすいと思います。どちらも心の柔軟性を育むために，大切な技法であることに違いないでしょう。

だとしたら，認知療法を私たちの同胞を支援する確かなアプローチとするにはどうすればよいのでしょう。それは，私たちとは異なる文化から生まれた認知療法を，私たち日本人にとって馴染みやすいものに変えてあげればよいのではないでしょうか。そのためには，非合理や合理といった二項対立を超えた，日本人にとって手触りのよいアプローチに加工することが求められるだろうと思います。『ワークブック』と本書では，私なりに心を砕いて，その辺りのことに触れたつもりです。

でも，私たちの体験によっては，認知の内容を変えたり，認知の機能を変えたりすることでは救われない局面もあるのではないでしょうか。そうしたことを，日々臨床を重ねるなかで，しばしば考えるようになりました。そうして生まれたのが，本書の最後に紹介した"潜在的価値抽出法"です。読むとおわかりいただけたと思いますが，この方法は認知の内容を変えるのでもなければ，認知の機能を変えるのでもありません。認知の何かを変えるという立場を取らず，認知それ自体を，その人の大切にしたい価値が潜在するものとして大切に扱うところに特長がありました。

もしかすると，この方法は世界のどこかですでに行われているかもしれません。だとしたら，自分の見識の狭さを恥じ，世界の広さを改めて実感することになるでしょう。とはいえ，従来の第二世代や第三世代と呼ばれる考え方と一線を画すこの方法は，私たち日本人に馴染みよいアプローチになるのではないか。これまでこの方法を重ねてきた私は，そうした手

応えと期待を強く持っています。この方法に関心を持たれた方がいらっしゃれば，日ごろの臨床で試していただけましたら嬉しいです。もちろん，一緒に研究していただける方がいらっしゃれば，喜んでお願いしたいと思います。

話は変わりますが，これからの心理臨床は難しい局面を迎えるのではないかと危惧しています。

自己責任論や生産性，効率化といった言葉が，ここしばらくさまざまな場面で飛び交うようになったと，あなたも感じているのではないでしょうか。これらはすべて，市場原理となじみのよい考え方です。

市場原理では，短期的な損益が重視されます。「ここ数年はまったく儲けにならない。でも，このビジネスは100年後必ず成功する」のように言っていると，その会社は倒産してしまうでしょう。「市場の選好が結果を支配する」という市場原理の特徴は，長期的視野に立って物事を考量する姿勢となじみません。長期的にはデメリットをもたらすかもしれないが，短期的な収益が見込めるならよしとする。それは，市場原理が抱え持っている性でもあります。

市場原理は，そうしたルールを前提として成り立つビジネスの世界では妥当でしょう。しかし，それ以外の世界にまで市場原理のルールが浸透してくると，結果的に私たちは限りなく生きづらくなってしまうのではないでしょうか。あらゆる人の人生の豊かさを，生産性や効率化といった基準で測れるわけではない。もちろん，その基準で人生の豊かさを測りたい人は，そうすればいいんです。でも，そうじゃない人にまで，それを押し付けるのはおかしい。

人の持つ価値観は多様です。本書では，人生の豊かさとは，個人の大切にしたい価値によってもたらされることを強調しました。でも，私は一言たりとも，特定の何かを大切にした

い価値として据えたほうがよいとは述べませんでした。それは当たり前の話です。大切にしたい価値は，個人によって違ってくるからです。

にもかかわらず，財貨の多寡が人生の価値を決めるとか，生産性を高める生き方をしなければならないとか，ビジネスマインドに由来する価値観が私たちの体験の価値を測る唯一の基準であるかのように信憑させられようとしている。繰り返しますが，それを価値として掲げたい人は，それを大切にすればいいと思います。でも，そうした人が権力を手にして，それ以外の価値を大切に暮らしたい人々の生き方まで食い荒らさないでほしい。私は，心からそう願います。

市場原理の波は，私たちの住む大学の世界にも押し寄せています。「成果主義」とか「効率化」という価値基準が大学行政を動かすようになってきていますし，大学を運営する理事に企業経営者を招聘するといった光景も，全国的に見られるようになりました。大学経営は，ビジネスマインドで行えばよいと考える人が増えているのでしょう。でも，私は教育や研究を市場原理で制度設計してはならないと思っています。

研究者にとってメジャーなファンドである科学研究費助成事業（科研費）は，長くても5年以内に終結する研究計画でないと応募を受け付けてもらえません。そこには「選択と集中」という論理が幅を利かせている。「選択と集中」は，「当座の結果が良いだろうと見込めるものにだけ資源を集中させる」という考えです。けれども，今に融通を利かした研究成果が，百年先や千年先の人類に資する保証はどこにもありません。

医療の世界も，効率化を厳しく求められるようになりました。「そのやり方は，世間一般の会社では考えられない」と，医療機関の運営の良否を株式会社と比べて考量する人も珍しくないですし，その比較に驚かない人も少なくないのでは

ないでしょうか。医療の効率化が優先されてしまうと、「今起こっていないのに、パンデミックに備えて感染症病床を確保するのは無駄である」のような論理になります。それで短期的には収益を見込めても、パンデミックの到来によって事態は破局的な展開にいたります。

　私は、市場原理やビジネスマインドがよくないと言っているわけではありません。しかし、市場原理の基準で、あらゆる物事の価値を測ろうとするのは、私は間違っていると思います。教育や研究、医療や福祉といった領域は、市場原理の基準は適さない。それは、教育や医療、福祉のように、コミュニティの存立や人の生存にかかわることを、ビジネスマインドで考量することはできないからです。

　残念なことですが、こうした趨勢はすでに医療や福祉の運営を困難なものにしています。現場のスタッフは、それでもなおそうした枠のなかで最善を尽くそうと、よりよい支援を届けるために奮闘しています。でも、その分現場の疲弊はとても深刻です。こうした局面も、おそらく今後の心理臨床を難しくするでしょう。

　しかし、私が考える心理臨床を難しくする局面はそれだけではありません。

　本書で述べた「体験の回避」のように、生きづらさに通じる行動のほとんどは、長期的にはデメリットをもたらしますが、短期的にはメリットをもたらします。リストカットなどの自傷行為。アルコール依存症の人にとっての飲酒。パニック症の人にとっての回避行動。その他、あなたがこれまで関わった患者やクライエントの生きづらさを強めていた行動は、どれも長期的にはそれが本人の苦悩を強めるけれども、短期的には彼らにメリットをもたらしていただろうと思うのです。

　長期的なメリットよりも短期的なメリットが優先される。

　短期的にメリットがもたらされるのであれば、長期的なデ

メリットは黙視する。

こうした市場の生理を，現代に暮らす人々が何の違和感も抱かず内面化してしまうと，「その行動は，長い目で見るとあなたを苦しめるものになる」という私たち心理臨床家のメッセージは，患者やクライエントに届かなくなるでしょう。

こうしたことが，今後の心理臨床を難しくするのではないかと，私は憂慮しています。市場原理が生き方の価値を測る唯一の基準であるかのような昨今の趨勢が，心理臨床を難しくするリスクについて，私たちはもっと危機感を持ってよいように思います。

ではどうすればよいか。私にもわかりません。でも，そうした危機感を持ちながら，臨床を進めていくことは，心理臨床のより良い発展には必要なのではないでしょうか。

そうした危機感を共有して，葛藤しながらもどのような仕組みを設けると，強靭で持続可能な相互扶助が社会にもたらされるか。そうしたチャレンジを，私は鳥取にいる仲間とともに進めています。全体が変わらなくても，自分の住んでいるコミュニティを変えることはできるかもしれない。そのために必要なのは，想いを分かち合える同志の存在でしょう。

あとがきの最初に，あなたのことを「同志」と呼んだのを覚えていますか。直接面識もないあなたのことを，同志と呼べる理由。それは，心理臨床の仕事をしている私たちが目指すところは，「生きづらさを抱えた人が，生まれてきてよかったと思える社会の実現」に行き着くと思うからです。

あなたが心理臨床を生業にする背景には，「患者やクライエントの生きづらさを少しでも何とかしたい」という動機があるだろうと思います。そのために最大限行使しようと努めている専門的力量は，「生きづらさを抱えた人が，生まれてきてよかったと思える社会の実現」を射程にとらえています。だから，私たちは心理臨床の生業を続ける限り，もっというと

対人援助を担おうとする限り，同志なのです。

　仕事を続けるうえで，苦しいことはきっと少なくないかもしれません。でも，私たちの営みが，生きづらさを抱えた人が生まれてきてよかったと思える社会に向いていることに誇りを持って，これからも一緒に力を注いでまいりましょうね。そして，どうかご自分を大切になさってください。

竹田伸也

# 文　　献

## 引用文献

Beck JS. Cognitive Therapy: Basics and Beyond. New York: Guilford Press; 1995.

Beck AT, Rush AJ, Shaw BF, Emery G. Cognitive Therapy of Depression. New York: Guilford Press; 1979.

Berg IK. Family Based Services: A Solution-Focused Approach. New York: W. W. Norton; 1994.

Dajani DR, Uddin LQ. Demystifying cognitive flexibility: Implications for clinical and developmental neuroscience. Trends Neurosci, 38(9): 571-578; 2015.

Deveney CM, Deldin PJ. A preliminary investigation of cognitive flexibility for emotional information in major depressive disorder and non-psychiatric controls. Emotion, 6(3): 429-437; 2006.

Ferster CB. A functional analysis of depression. American Psychologist, 28(10): 857-870; 1973.

Hayes SC, Wilson KG. Acceptance and Commitment Therapy: Altering the Verbal Support for Experiential Avoidance. The Behavior Analyst, 17(2): 289-303; 1994.

Hayes SC, Smith S. Get Out of Your Mind & Into Your Life: The New Acceptance & Commitment Therapy. Oakland: New Harbinger Publications; 2005.

Hayes SC, Strosahl KD, Wilson KG. Acceptance and Commitment Therapy: The Process and Practice of Mindful Change, 2nd. New York: Guilford Press; 2012.

Kabat-Zinn J. Wherever You Go, There You Are: Mindfulness Meditation in Everyday Life. New York: Hyperion; 1994.

神谷美恵子. 生きがいについて. 東京：みすず書房；1966.

McClintock SM, Husain MM, Greer TL, Cullum CM.

Association between depression severity and neurocognitive function in major depressive disorder: A review and synthesis. Neuropsychology, 24(1): 9-34; 2010.

大谷彰. マインドフルネス入門講義. 東京：金剛出版；2014.

杉山尚子，島宗理，佐藤方哉，リチャード・W・マロット，マリア・E・マロット. 行動分析学入門. 東京：産業図書；1998.

竹田伸也. マイナス思考と上手につきあう認知療法トレーニング・ブック―心の柔軟体操でつらい気持ちと折り合う力をつける. 東京：遠見書房；2012.

Takeda S, Fukuzaki T. Development of a neuropsychological test to evaluate cognitive flexibility. Yonago Acta Medica, 64(2): 162-167; 2021.

内田樹. 日本習合論. 東京：ミシマ社；2020.

ヴィクトール・E・フランクル，霜山徳爾訳. 夜と霧. 東京：みすず書房；1961.

Wagner DM. Ironic processes of mental control. Psychol Rev, 101(1): 34-52; 1994.

Wynn K. Origins of value conflict: Babies do not agree to disagree. Trends Cogn Sci, 20(1): 3-5; 2016.

## CBT の各アプローチについての支援者向け参考図書

### 【行動分析】

杉山尚子，島宗理，佐藤方哉，リチャード・W・マロット，マリア・E・マロット. 行動分析学入門. 東京：産業図書；1998.

坂上貴之，井上雅彦. 行動分析学―行動の科学的理解をめざして. 東京：有斐閣；2018.

谷晋二編. 言語と行動の心理学―行動分析学をまなぶ. 東京：金剛出版；2020.

### 【認知療法】

ジュディス・S・ベック著. 伊藤絵美，神村栄一，藤澤大介訳. 認知療法実践ガイド　基礎から応用まで―ジュディス・ベックの

認知療法テキスト．東京：星和書店；2004．

竹田伸也．『マイナス思考と上手につきあう　認知療法トレーニン
　グ・ブック』セラピスト・マニュアル．東京：遠見書房；2012．

石垣琢磨，山本貢司編．クライエントの言葉をひきだす認知療法
　の「問う力」―ソクラテス的手法を使いこなす．東京：金剛出
　版；2019．


【マインドフルネス】

大谷彰．マインドフルネス入門講義．東京：金剛出版；2014．

熊野宏明．実践！　マインドフルネス―今この瞬間に気づき青空
　を感じるレッスン．東京：サンガ；2016．


【Acceptance and Commitment Therapy】

ラス・ハリス．武藤崇監訳．よくわかる ACT（アクセプタンス＆
　コミットメント・セラピー）―明日からつかえる ACT 入門．東
　京：星和書店；2012．

スティーブン・C・ヘイズ，カーク・D・ストローサル，ケリー・
　G・ウィルソン．武藤崇，三田村仰，大月友訳．アクセプタン
　ス＆コミットメント・セラピー（ACT）第 2 版―マインドフル
　な変化のためのプロセスと実践．東京：星和書店；2014．

# 索　引

執筆者略歴
竹田伸也（たけだ・しんや）
　鳥取大学大学院医学系研究科臨床心理学専攻教授。博士（医学），公認心理師，臨床心理士，認知行動療法スーパーバイザー。香川県丸亀市生まれ。鳥取大学大学院医学系研究科医学専攻博士課程修了。

　鳥取生協病院臨床心理士，広島国際大学心理科学部講師，鳥取大学大学院医学系研究科講師，准教授を経て現職。日本老年精神医学会評議員，日本認知症予防学会代議員等を務める。
「生きづらさを抱えた人が，生まれてきてよかったと思える社会の実現」を臨床研究者としてもっとも大切にしたい価値に掲げ，研究や臨床，教育，執筆，講演等を行っている。
主な著書に，『認知行動療法による対人援助スキルアップ・マニュアル』（遠見書房，2010），『マイナス思考と上手につきあう認知療法トレーニング・ブック─心の柔軟体操でつらい気持ちと折り合う力をつける』（遠見書房，2012），『対人援助職に効くストレスマネジメント─ちょっとしたコツでココロを軽くする10のヒント』（中央法規，2014），『心理学者に聞くみんなが笑顔になる認知症の話─正しい知識から予防・対応まで』（遠見書房，2016），『対人援助の作法─誰かの力になりたいあなたに必要なコミュニケーションスキル』（中央法規，2018），『クラスで使える！　アサーション授業プログラム─自分にも相手にもやさしくなれるコミュニケーション力を高めよう』（遠見書房，2018）など多数。

『認知療法・マインドフルネス・潜在的価値抽出法ワークブック』

セラピスト・マニュアル

——行動分析から次世代型認知行動療法までを臨床に生かす

2021 年 8 月 1 日　第 1 刷

著　　者　竹田伸也

発 行 人　山内俊介

発 行 所　遠見書房

遠見書房

〒 181-0002 東京都三鷹市牟礼 6-24-12
三鷹ナショナルコート 004
株式会社　遠見書房
TEL 0422-26-6711　FAX 050-3488-3894
tomi@tomishobo.com　http://tomishobo.com
遠見書房の書店　https://tomishobo.stores.jp

印刷・製本　太平印刷社

ISBN978-4-86616-128-0　C3011